RÉSUMÉ DES OPÉRATIONS

DE

L'ARTILLERIE ALLEMANDE

PENDANT LES

SIÉGES DES FORTERESSES FRANÇAISES

EN 1870-1871

RÉSUMÉ DES OPÉRATIONS

DE

L'ARTILLERIE ALLEMANDE

PENDANT LES

SIÉGES DES FORTERESSES FRANÇAISES

EN 1870-1871

D'APRÈS LES HISTORIQUES PUBLIÉS PAR L'INSPECTION GÉNÉRALE
DE L'ARTILLERIE PRUSSIENNE

SIÉGES DE VERDUN, THIONVILLE
SOISSONS, LONGWY, TOUL, SCHLESTADT, NEUF-BRISACH
BELFORT ET MONTMÉDY

PAR

MM. MUZEAU, HUTER ET GASSELIN

CAPITAINES D'ARTILLERIE

PARIS

BERGER-LEVRAULT & Cie, LIBRAIRES-ÉDITEURS

5, RUE DES BEAUX-ARTS

MÊME MAISON A NANCY

1878

RÉSUMÉ DES OPÉRATIONS
DE L'ARTILLERIE ALLEMANDE
PENDANT LES SIÉGES DE 1870

SIÉGE DE VERDUN

(D'après l'ouvrage : *Die Cernirung und Beschiessung von Verdun im Jahre* 1870, von VON HELLFELD, Oberstlieutenant und Bataillons-Kommandeur im Garde-Fuss-Artillerie-Regiment ; Berlin, Vossische Buchhandlung, 1875.)

Rôle et importance de la place de Verdun. — Nœud de plusieurs routes stratégiques ([1]), tête de pont sur la Meuse et tête de ligne provisoire sur le chemin de fer inachevé de Paris à Metz, la place de Verdun, d'ailleurs abondamment pourvue de vivres, aurait été extrêmement utile au maréchal Bazaine s'il eût entrepris, pendant la première quinzaine du mois d'août 1870, de se replier à l'intérieur de la France. Elle perdit beaucoup de son importance lorsque les Français, à la suite des batailles de Mars-la-Tour et de Gravelotte, furent définitivement rejetés sous les murs de Metz. Mais, si elle ne devait plus désormais servir de pivot à de grandes opérations militaires, elle n'en restait pas moins fort gênante pour les troupes de la Confédération : située sur les derrières de l'armée chargée d'investir Metz et fort rapprochée de l'échiquier particulier de l'armée de la Meuse et de la 3ᵉ armée, elle était devenue, en effet, le refuge ordinaire de partisans nombreux, se livrant à une guerre de chicanes et d'escarmouches. Aussi les Allemands se trouvè-

---

([1]) Routes de Verdun-Sainte-Menehould-Châlons, de Verdun-Vouziers-Rethel, etc.

rent-ils dans l'obligation d'abord de contenir la garnison, puis de s'emparer de la forteresse elle-même.

Premier bombardement. — Pendant la marche de l'armée de la Meuse sur Châlons, le prince Georges de Saxe ayant reçu l'ordre de tenter, avec le 12ᵉ corps, dont il avait le commandement, un coup de main sur Verdun, résolut de s'emparer par surprise, s'il était possible, de l'une des portes de la ville. L'infanterie allemande, arrivant par la route d'Étain, pénétra, dans la matinée du 24 août, jusqu'au chemin couvert, pendant que l'artillerie, divisée en deux groupes, composés l'un (¹) de 4 batteries et l'autre (²) de 9, canonnait la place. Après une demi-heure de bombardement, le prince Georges somma le gouverneur de se rendre ; ce dernier s'y étant refusé, et la surprise n'étant pas possible puisque les Français avaient levé les ponts-levis et faisaient bonne garde, le 12ᵉ corps reprit sa marche, ne laissant pour observer Verdun qu'une brigade, qui ne tarda pas à être rappelée. Les Allemands avaient lancé sur les maisons de la ville 646 projectiles de campagne, dont 20 obus incendiaires ; ils avaient eu 1 homme tué, 1 officier et 18 hommes blessés.

Investissement. — Le 4 septembre, le commandant supérieur des troupes allemandes devant Metz prescrivit au général von Bothmer, qui à ce moment observait Thionville, d'arrêter les incursions de la garnison de Verdun et de s'emparer de cette place le plus rapidement possible, par n'importe quel moyen, négociation, bombardement ou surprise. Le détachement mis à sa disposition se composait de 2 bataillons d'infanterie, 2 régiments de cavalerie, une section d'artillerie à cheval et une batterie de 9ᶜ. Il arriva devant Verdun le 7 septembre et occupa le lendemain les deux rives de la Meuse ; mais il ne put se maintenir sur la rive gauche, l'un des régiments

---

(¹) Placé sur la hauteur de Charmois, à 1 500ᵐ environ à l'E. de la ville basse, et à 500ᵐ au S. de la route d'Étain.

(²) A cheval sur le chemin de Belrupt à Verdun, à 2 500ᵐ environ à l'E. de la porte Saint-Victor et à 2 000ᵐ au S. de la route d'Étain.

de cavalerie ayant été rappelé avec la section d'artillerie
à cheval. La garnison fit, à diverses reprises, de grandes
sorties qui mirent souvent le corps d'observation dans
une situation critique et l'obligèrent même, le 18 septembre, à solliciter l'appui des troupes du 2ᵉ corps stationnées
à Étain. Heureusement, il fut renforcé le 22 septembre
par un détachement comprenant 3 escadrons de cavalerie,
1 bataillon de landwehr (¹) et une batterie de 9ᶜ. Deux
jours auparavant étaient déjà arrivés de Sedan 6 canons
de 12 de campagne (français), escortés par une compagnie de landwehr (²), qui, exercée depuis le commencement de la guerre aux travaux d'artillerie, rendit de très-
grands services, eu égard au petit nombre des soldats de
cette arme.

L'arrivée de ce renfort permit d'investir de nouveau
complétement la ville. Les troupes furent réparties sur
les deux rives de la Meuse ; chaque jour, un tiers des
hommes étaient aux avant-postes, un tiers de piquet
comme soutiens, et les autres se reposaient dans leurs
cantonnements. Le 24 septembre, les Français firent une
sortie contre les troupes établies au N.-O. de la place. Ils
furent trois fois repoussés et durent rentrer dans Verdun,
protégés pendant leur retraite par le canon de la citadelle.
Les assiégeants, qui n'avaient perdu que 4 hommes dans
ce combat, reçurent le lendemain un nouveau renfort de
1 bataillon et demi de landwehr.

Deuxième bombardement. — Le 25 septembre, le général von Bothmer résolut de bombarder la citadelle, afin
de tâter la garnison, dont il n'avait pu réussir à déterminer ni l'effectif ni les qualités militaires. D'après ses ordres, dans la nuit du 25 au 26, 3 batteries furent établies
à l'O. et au S.-E. de la place. La première, située sur la
côte de Blamont, à 2 900 mètres O. de la citadelle,
était armée de 6 canons de 9ᶜ ; la seconde, placée en ar-

____

(¹) A 6 compagnies.
(²) 1ʳᵉ compagnie du bataillon de Deutz.

rière de la côte Saint-Michel et à peu près sur le prolongement de la capitale du bastion 63, échappait complète-
ment aux vues de la place, dont elle était éloignée de 4 000
mètres ; elle reçut 2 canons de 9ᶜ prussiens et 2 canons
de 12 de campagne français ; enfin la troisième, construite sur le mamelon des Piliers, près du chemin de
Belrupt, à 2 000 mètres S.-E. de l'ouvrage à cornes de
Saint-Victor, n'avait que 2 canons de 9ᶜ. Le feu fut ouvert à 6 heures du matin ; les Français, surpris par cette
attaque imprévue, ne répondirent qu'au bout de 20 minutes. La batterie allemande des Piliers fut rapidement
réduite au silence ; l'une des pièces n'avait pas tiré 17 coups
qu'un projectile parti du bastion Saint-Victor mettait
l'affût hors de service, tandis que le mécanisme de culasse
de la seconde cessait de fonctionner à la suite d'une ma-
nœuvre défectueuse. Quant aux deux autres batteries,
elles reçurent, à 9 heures, l'ordre de cesser le feu. La
démonstration avait d'ailleurs produit l'effet désiré : elle
avait permis, en effet, de reconnaître que tous les ouvrages de la place avaient reçu leur armement.

A la même époque, le général von Bothmer fut avisé
par le grand-duc de Mecklembourg, commandant supérieur
du 13ᵉ corps, que la chute de Toul permettait d'envoyer
devant Verdun un parc de siège composé de pièces françaises au nombre de 26, savoir :

  6 canons de 24 ,
  12 canons de 12 ,
  4 mortiers de 22ᶜ,
  4 obusiers lisses de 22ᶜ.

Le transport de ces bouches à feu et de leurs munitions nécessitait la formation préalable d'un train de 160
voitures et de 800 chevaux, dont les éléments faisaient
entièrement défaut ; aussi, le 30 septembre, organisa-t-on
un détachement, composé d'une compagnie d'infanterie
et d'un escadron de cavalerie, chargé de réquisitionner
les attelages disponibles dans la vallée de la Meuse, pour

se rendre ensuite, le 4 octobre, à Toul, où l'on devait prendre le matériel précédemment énuméré. A la même date, arrivèrent de Sedan 6 canons de 12 de campagne français, avec leurs 6 caissons. Deux jours après, le 2 octobre, les Français tentèrent une nouvelle sortie sur l'une et l'autre rive de la Meuse; après un engagement assez vif, qui dura de 3 heures $^1/_2$ à 6 heures du soir, ils furent rejetés dans la place, bien que l'artillerie de l'enceinte les eût vigoureusement appuyés.

Nécessité de procéder à un siége accéléré. — Comme on l'a vu, tous les moyens recommandés pour amener la chute de Verdun avaient échoué successivement : les négociations et les coups de main par suite de l'énergie et de la vigilance du gouverneur, les bombardements faute d'un matériel suffisant. On pouvait continuer le blocus, mais cette opération causait de très-grandes fatigues aux Allemands. Pour tenir leurs cantonnements hors de la portée du canon de la place, ils avaient donné au cercle d'investissement un rayon considérable; aussi les troupes, en raison de leur petit nombre, devaient-elles être constamment sur pied. Elles avaient, il est vrai, repoussé jusque-là les nombreuses sorties de la garnison, mais cette dernière s'aguerrissant, devenait de jour en jour plus redoutable, et il était à craindre que le faible corps de blocus ne pût longtemps résister à ses entreprises. En outre, la force de la place augmentait d'une manière continue : l'inondation atteignait une étendue considérable en amont de l'enceinte, dont les fossés se remplissaient d'eau ; maniant constamment la pelle et la pioche, les Français ne cessaient d'ouvrir de nouvelles embrasures, si soigneusement masquées qu'on ne pouvait apercevoir les pièces en batterie ; enfin de tous côtés s'élevaient des traverses et des parados. Bien qu'il fût temps de mettre un terme à une situation aussi périlleuse, les moyens d'action faisaient défaut. L'infanterie, trop peu nombreuse même pour la défense des lignes, devait fournir des détachements pour la construction des batteries et le service des bouches à feu ; les troupes d'artillerie n'avaient qu'un personnel insuffisant, et elles étaient trop peu familiarisées avec le matériel français pour l'employer convenablement.

L'investissement ne devant produire aucun résultat, le général von Bothmer se décida à prendre l'offensive. Restait à déterminer la manière dont l'attaque devait être conduite ; il ne pouvait être question d'un siége régulier : trop d'éléments, comme on vient de le dire, faisaient défaut. Un bombardement ne devait pas être plus efficace : la population, trop peu nombreuse, ne serait pas assez forte pour imposer au gouverneur l'obligation de capituler, et, après la destruction de la ville, la garnison pourrait tenir encore dans la citadelle ; enfin les bouches à feu françaises, les seules dont disposaient les Allemands, étaient impropres à ce genre de tir, en raison surtout de l'insuffisance de leurs munitions. Il ne restait donc qu'à tenter un siége *accéléré,* c'est-à-dire que tout en tirant sur les casernes et les magasins, les batteries s'efforceraient de démonter l'artillerie de la place et ouvriraient une brèche dans l'escarpe de la citadelle, qu'il était facile de découvrir de fort loin.

Détermination du point d'attaque. — La détermination du point d'attaque présentait des difficultés assez sérieuses. Au S., la place était entièrement couverte par l'inondation de la Meuse ; à l'E. se trouvaient des hauteurs boisées d'un accès très-difficile et n'offrant à l'artillerie aucun emplacement favorable ; l'enceinte était d'ailleurs précédée de fossés pleins d'eau, et les divers bras de la Meuse formaient comme autant de coupures d'une grande valeur défensive. Au N., la Meuse et les prairies basses et humides qu'elle traverse ne permettaient pas de rapprocher suffisamment les batteries de la place ; en s'établissant de ce côté, les Allemands auraient dû se borner à engager un combat d'artillerie avec l'enceinte et à bombarder la ville. L'attaque devait donc être nécessairement

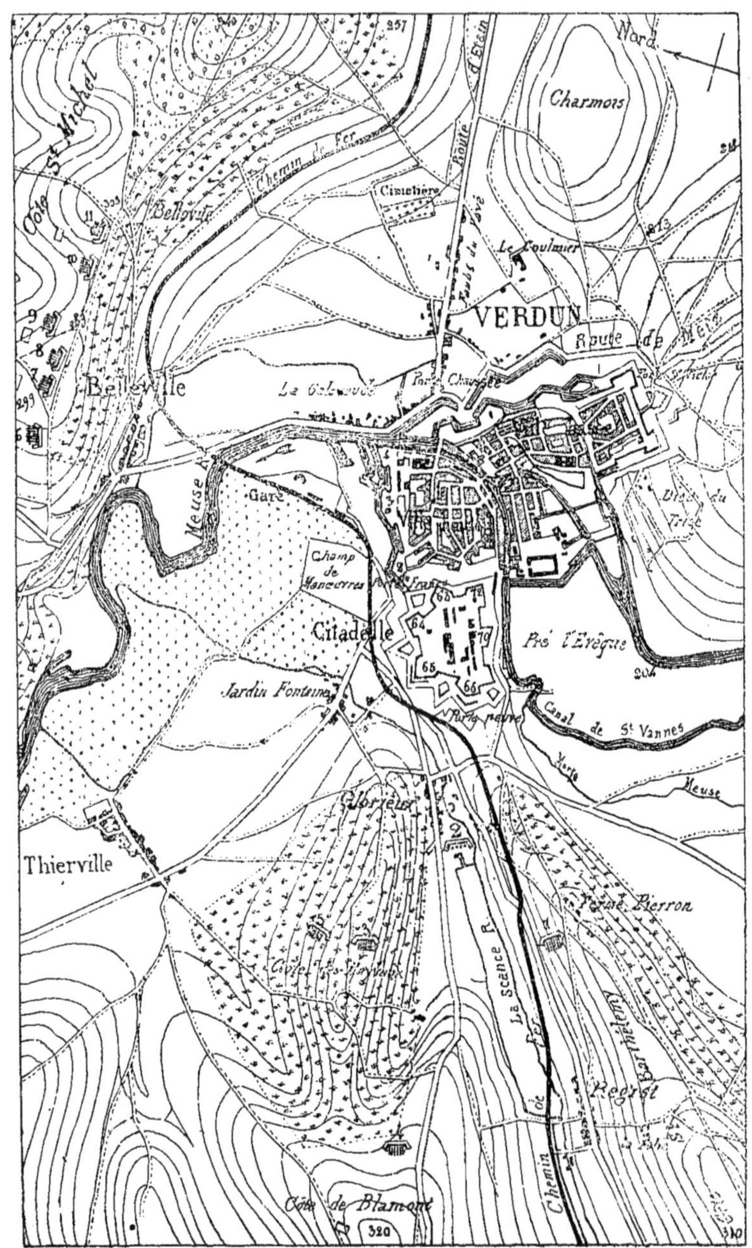

Nord
Charmois
Côte St Michel
Chemin de Fer
Cimetière
Le Foulmier
Belleville
VERDUN
Route de Metz
Belleville
La Galavaude
Porte Chaussée
Meuse
Gare
Vieux du Trize
Champ de Manœuvres
Porte de France
Citadelle
Pré l'Evêque
Jardin Fontaine
Porte neuve
Canal de St Vannes
Porte
Meuse
Glorieux
Ferme Pierron
Thierville
Côte des Joyaux
La scance R.
Barthélemy
Regret
Chemin de Fer
Côte de Blamont
320

dirigée sur les fronts de l'E., c'est-à-dire sur la citadelle. C'était assurément la partie la plus forte de toute la fortification et en même temps la clef de la défense; car, une fois la citadelle emportée, la ville, complétement dominée, ne pouvait plus résister. En outre, de ce côté, l'assiégeant ne trouvait devant lui que des fossés secs, des lignes de feu fort peu étendues, et il lui était facile de faire brèche à l'escarpe, que l'on distinguait aisément des côtes de Blamont et Saint-Barthélemy. Enfin, le terrain présentait des emplacements très-favorables pour les batteries qui pourraient être construites aux diverses périodes du siége ; leur approvisionnement seul devait présenter certaines difficultés, les chemins à suivre étant battus par le canon de la place.

A l'issue de cette reconnaissance, les Allemands décidèrent de faire leur attaque principale contre les fronts de l'O. avec des batteries situées sur les côtes de Blamont et Saint-Barthélemy, et d'établir en même temps de l'artillerie sur la côte Saint-Michel pour faire une attaque secondaire contre les fronts du N.

Personnel et matériel d'artillerie. — Les troupes d'artillerie se composaient de 2 compagnies un quart d'artillerie de forteresse et de 2 batteries de campagne, auxquelles on avait joint la compagnie de landwehr dont il a déjà été question.

Le matériel comprenait, outre 12 canons de 9ᶜ prussiens : 6 canons de 24, 12 canons de 12 de place, 12 canons de 12 de campagne, 4 obusiers de 22ᶜ et 4 mortiers de 22ᶜ, toutes ces bouches à feu d'origine française.

L'approvisionnement était provisoirement constitué de la manière suivante :

Canons de 9ᶜ . . . . 271 coups par pièce.
Canons de 24 . . . . 186 —
Canons de 12 de { 291 obus (¹). . . } 305 —
    place.   { 14 boîtes à mitᵉ }

____

(¹) **Fusées percutantes.**

Canons de 12 de campagne. $\begin{cases} \text{175 obus (}^1\text{)}\ldots \\ \text{14 shrapnels}\ldots \\ \text{4 boîtes à mit}^{le} \end{cases}$ 193 coups par pièce.

Obusiers et mortiers de 22ᶜ 275   —

Il devait être porté à 400 coups par pièce à l'aide d'envois de munitions faits par la place de Sedan, la garnison de cette ville escortant les convois jusqu'à Stenay, où les attendraient des détachements envoyés par le corps de siége. Mais la garnison de Stenay s'étant laissé surprendre dans la nuit du 10 au 11 octobre, et la route indiquée n'étant plus dès lors suffisamment sûre, le transport des munitions, dont on avait si grand besoin, ne put être effectué que dans la dernière quinzaine d'octobre.

Les deux compagnies d'artillerie de forteresse et l'une des batteries de campagne furent affectées à l'attaque de l'O. ; elles devaient servir 6 canons de 9ᶜ, 6 canons de 24, 12 canons de 12 de place et 4 mortiers de 22ᶜ. Les Allemands ne disposaient donc pour l'attaque du N. que de 1 batterie de campagne, 1 détachement d'artillerie de forteresse et 1 compagnie de landwehr, avec 6 canons de 9ᶜ, 12 canons de 12 de campagne et 4 obusiers de 22ᶜ. Ces moyens d'action ne paraissant pas suffisants, le général von Bothmer demanda au grand-duc de Mecklembourg et en obtint 1 compagnie d'artillerie de forteresse et 8 canons de 24, qui furent livrés par la place de Sedan. La compagnie arriva le 10 octobre devant Verdun, mais les canons ne furent rendus sur le terrain de l'attaque du N. que dans la nuit du 12 au 13 octobre.

Emplacement et construction des batteries. — Il était indispensable, pour que la construction des batteries n'entraînât pas de pertes trop considérables, de chasser les Français des positions qu'ils occupaient encore en avant de l'enceinte. A cet effet, le général von Gayl (²) fit enle-

---

(¹) Fusées fusantes.

(²) Il remplaçait depuis le 9 octobre le général von Bothmer, nommé au commandement de la 13ᵉ division d'infanterie.

ver, dans la nuit du 11 au 12 octobre, les villages de Belleville, Thierville et Regret ; le tracé des batteries fut fait pendant la journée du 12 et leur construction commença la nuit suivante, en même temps que les Allemands s'emparaient de Glorieux et de Jardin-Fontaine.

L'attaque de l'O. comptait 5 batteries ([1]), qui avaient des vues excellentes sur la citadelle et sur la ville elle-même ; mais, à l'exception des batteries 1 et 2, dérobées aux vues des Français et situées à proximité d'un chemin praticable, elles étaient fort exposées aux coups de la place et d'un accès difficile ; aussi le dépôt ne put-il être établi qu'à 1 500 mètres en arrière. Les batteries de l'attaque du N. ([2]), au nombre de 6, prenaient d'enfilade et de revers certains fronts de la citadelle et dominaient également la ville, dont elles battaient complétement les débouchés du côté du N., garantissant ainsi contre les entreprises de la garnison l'infanterie allemande postée à Belleville et à Thierville. Elles étaient situées à moins de 200 mètres d'un ravin présentant des couverts fort avantageux pour l'établissement des dépôts et se trouvaient aussi fort rapprochées d'un chemin en bon état, sans lequel il eût été difficile de mettre les canons de 24 en batterie, tant les pluies continuelles avaient dé-

---

([1]) Batterie 1, armée de 6 canons de 9ᶜ, destinée à démonter l'artillerie du bastion 66 de la citadelle, dont elle était éloignée de 1 600ᵐ ;

Batterie 2, armée de 4 mortiers de 22ᶜ, destinée à jeter des bombes dans l'intérieur de la citadelle : distance aux ouvrages, 800ᵐ ;

Batterie 3, armée de 6 canons de 12 de place, pour démonter d'artillerie des bastions 65 et 66, et détruire les bâtiments militaires : distance à la citadelle, 1 600ᵐ ;

Batterie 4, armée de 6 canons de 24 : mêmes objectifs et même distance que la précédente.

(Cette batterie ne put être exécutée, le détachement qui était chargé de la construire ayant fait fausse route n'arriva pas en temps utile sur l'emplacement qui lui avait été indiqué. On la remplaça, la nuit suivante, par une batterie portant le même numéro et ayant le même armement, éloignée de 2 600ᵐ de la citadelle dont elle devait enfiler le front N., en même temps qu'elle tirerait sur la citadelle et sur la ville.)

Batterie 5, armée de 6 canons de 12 de place, destinée à démonter l'artillerie des bastions 65 et 66 de la citadelle, dont elle était éloignée de 1 650ᵐ.

([2]) Batterie 6, armée de 6 canons de 12 de campagne, destinée à enfiler les fronts O. de la citadelle, à bombarder la citadelle et la place : distance au bastion 65 de la citadelle, 2 300ᵐ, au bastion 3 de la citadelle, 1 700ᵐ.

Batterie 7, armée de 4 canons de 24,) même situation et mêmes objectifs que la
Batterie 8, armée de 4 canons de 24,) précédente.

Batterie 9, armée de 4 obusiers de 22ᶜ, pour bombarder la ville et la citadelle ; distance au bastion 64 de la citadelle, 2 300ᵐ, au bastion 3 de la place, 1 600ᵐ.

Batterie 10, armée de 6 canons de 12 de campagne,) même situation et mêmes ob-
Batterie 11, armée de 6 canons de 9ᶜ,   ) jectifs que la précédente.

trempé le sol et tant étaient faibles les moyens dont on disposait.

En raison du mauvais état des chemins et de la grande distance à laquelle se trouvaient l'une de l'autre les deux attaques, séparées en outre par la Meuse sur laquelle, faute d'un matériel convenable, on n'avait pu jeter qu'une simple passerelle, les Allemands avaient établi deux parcs de siége, l'un à Fromeréville, à 5 200 mètres de la place, pour l'attaque de l'O., et l'autre à Bras, à 5 000 mètres, pour l'attaque du N. Eu égard au faible effectif des troupes d'artillerie, on ne put constituer de compagnies de parc permanentes; les travailleurs nécessaires furent fournis chaque jour par les compagnies de forteresse, les batteries de campagne et l'infanterie; les ouvriers en bois et en fer furent seuls employés au parc d'une façon continue. Les fascinages avaient été amenés en partie de Toul, et en partie confectionnés dans les bois de Baleycourt, Fromeréville au S.-O. de la place, et de Fleury au N.-E. Les travailleurs ayant manqué en partie, on était loin d'avoir tous les gabions et saucissons nécessaires. Les bois de plates-formes faisaient également défaut, et, à l'attaque du N. en particulier, plusieurs pièces durent être installées sur des plates-formes volantes.

La construction des batteries, quoiqu'elle ne fût pas troublée par les Français, dont l'attention était concentrée sur les faubourgs de Glorieux et de Jardin-Fontaine, attaqués dans le même moment, présenta de grandes difficultés. Les travailleurs n'étaient pas en nombre suffisant, bien que l'infanterie eût fourni à chacune des attaques un détachement composé de 48 sous-officiers et de 900 hommes; le sol argileux, détrempé par la pluie, était difficile à creuser; il n'avait d'ailleurs qu'une faible épaisseur et reposait sur un terrain pierreux qui ne pouvait être entamé qu'au moyen de la pioche : enfin les outils étaient en nombre insuffisant, comme tous les autres éléments du matériel. Les batteries avaient généralement leur terre-plein enfoncé ; les magasins, situés à 15 mètres en arrière des épaulements, se composaient d'une excavation creusée dans le sol et couverte à l'aide de poutres ou de rails surmontés d'un lit de saucissons et d'une couche de terre de 1 mètre d'épaisseur.

Troisième bombardement. — Les troupes d'artillerie ne pouvant suffire au service de toutes les pièces en batterie, 100 hommes de landwehr furent attachés en permanence en qualité d'auxiliaires à l'attaque de l'O., et 44 à celle du N.

13 octobre. — Le feu fut ouvert à 6 heures du matin. La rectification du tir présenta de grandes difficultés, les servants n'étant pas familiarisés avec le matériel français, et l'observation des coups étant fort difficile dans les batteries armées de pièces de 12 de campagne, qui lançaient des projectiles munis de fusées fusantes. Les Français ne tardèrent pas à répondre avec un grand nombre de pièces parfaitement abritées : leur tir, très-vif et fort bien dirigé, indiquait qu'ils avaient en nombre suffisant des artilleurs exercés, connaissant exactement la distance de la place aux batteries de l'assiégeant. Les coups tirés de la citadelle étaient concentrés sur les batteries 3 et 5, qui malheureusement ne pouvaient pas encore être soutenues par la batterie 4 : leurs parapets, malgré une épaisseur de $5^m,60$, furent plusieurs fois traversés par des obus de 24, un grand nombre d'hommes furent tués ou blessés ; au nombre des morts se trouva l'officier commandant la batterie 3 ; 4 pièces furent démontées, et un obus de 24 pénétra dans le magasin de la batterie 5, celui-ci néanmoins ne fit pas explosion. Les épaulements ne purent être tenus en état, tant le feu de la place était violent, et les deux batteries durent se taire après une lutte de 6 heures. Les batteries 1 et 2 purent au contraire continuer leur tir.

Les batteries de l'attaque du N. ne souffrirent pas autant : les épaulements résistèrent convenablement, aussi longtemps du moins qu'ils ne furent pas atteints en un même point par plusieurs obus de 24 ; mais les embrasures trop profondes, en donnant d'excellents points de repère, occasionnèrent des pertes assez sensibles : un magasin creusé dans la terre à 200 mètres en arrière des batteries 7 et 8 sauta avec 180 obus de 24 ; les débris heureusement n'atteignirent pas les servants.

Quoique assez sérieusement éprouvées, les batteries du N. tirèrent toute la journée. Le feu cessa des deux côtés à la tombée de la nuit, les Allemands se bornant à tirer un coup par pièce toutes les demi-heures pour inquiéter les défenseurs ; ils mirent en outre l'obscurité à profit pour réparer leurs batteries et pour en construire une nouvelle, la batterie 4, qui, comme on l'a déjà dit, n'avait pu être établie la nuit précédente.

14 octobre. — On reprit le feu au point du jour (¹) : la place répondit d'abord avec une grande vivacité, mais son tir sembla faiblir dans l'après-midi. Pendant la nuit, on répara les épaulements et on réapprovisionna les pièces ; les batteries 3 et 5 furent entièrement remises en état.

15 octobre. — Les batteries avaient l'ordre de reprendre le feu à 8 heures du matin et de le suspendre à 11 heures, si l'ennemi n'avait pas, dans l'intervalle, arboré le drapeau blanc. Mais l'espoir qu'on avait de voir la place demander à capituler ne tarda pas à s'évanouir ; les Français firent au contraire un feu extrêmement vif, même sur les points de l'enceinte où la veille leurs pièces paraissaient avoir été démontées. A 11 heures, le feu cessa conformément aux ordres donnés, les pièces furent chargées à mitraille et les servants se retirèrent, ne laissant qu'un poste de garde dans chaque batterie : la place ne tarda pas à suspendre également son tir.

Les assiégeants avaient éprouvé pendant ces trois jours de bombardement des pertes assez fortes : elles

---

(¹) Excepté dans les batteries 3 et 5, qui avaient été trop sérieusement endommagées.

s'élevaient à 2 officiers et 7 hommes tués, 3 officiers et 55 hommes blessés; en outre, 15 pièces avaient été démontées.

Les Allemands n'avaient donc pu se rendre maîtres de Verdun par un bombardement : ils ne s'étaient pas au reste entièrement mépris sur l'efficacité de ce moyen, qui n'aurait pu conduire au résultat désiré par eux que si la garnison et les habitants eussent été, d'avance, assez démoralisés pour que quelques projectiles tombant dans la ville achevassent d'abattre les esprits; or les événements firent voir que les défenseurs étaient au contraire pleins d'énergie. L'échec tenait encore, il faut bien le dire, à ce que certaines batteries (¹) avaient été établies trop loin de la place, et à ce que les Allemands ne savaient pas se servir convenablement des bouches à feu françaises, dont les projectiles produisaient d'ailleurs des effets fort inférieurs à ceux des projectiles prussiens des mêmes calibres. Les munitions n'étaient pas épuisées, comme le montre le tableau suivant, mais celles qui restaient étaient fort inégalement réparties. Tandis que les batteries de l'attaque de l'O. étaient encore assez abondamment pourvues, celles de l'attaque du N., qui avaient tiré sans interruption, ne possédaient plus que de faibles approvisionnements.

ESPÈCE de projectiles	EXISTANT avant le bombardement.	CONSOMMÉS du 13 au 15 octobre.	DISPONIBLES après le bombardement.
Obus de 9ᶜ	3 261	1 325	1 936
Obus de 12 de campagne	2 100	1 675	425
Obus de 12 de place.	3 942	979	2 963
Obus de 24	2 600	1 861(²)	739
Bombes de 22ᶜ	2 200	1 730	470
TOTAUX.	13 653	7 570	6 083

(¹) Batterie 2 (mortiers) et batterie 9 (obusiers).
(²) Dont 180 par l'explosion d'un magasin.

On ne pouvait néanmoins songer à rétablir l'équilibre, car la pluie, qui n'avait cessé de tomber pendant le bombardement, avait fait grossir la Meuse, et les gués n'étaient plus praticables pour les voitures chargées de poudre. On ne pouvait davantage songer à reprendre le feu avec les seules batteries convenablement approvisionnées, elles eussent été trop rapidement écrasées par la nombreuse artillerie de la place, qui aurait eu la liberté de concentrer tous ses coups sur elles.

Reprise du blocus. — Dans ces conjonctures, le commandant supérieur des troupes allemandes se décida à suspendre les opérations actives jusqu'au moment où il se serait procuré des ressources suffisantes en personnel et en matériel. Il fit en conséquence évacuer, le 15 octobre, les faubourgs de Glorieux et de Jardin-Fontaine, et désarmer les batteries 1, 2 et 6; dans toutes les autres, les pièces furent chargées à mitraille et mises à l'abri derrière les talus, les munitions portées en lieu sûr et les épaulements laissés à la garde de simples postes. Les batteries 3 et 5, exposées aux entreprises des Français, auraient dû être aussi désarmées; mais le mauvais état du terrain, détrempé par les pluies, ne permit pas d'exécuter cette opération, toujours difficile, avec des pièces montées sur affûts de place. Dans le même temps, l'artillerie, aidée par de nombreux auxiliaires d'infanterie, se mit à construire de nouveaux fascinages.

Le 20 octobre, à 2 heures et demie du matin, par un temps orageux et couvert, les assiégés, au nombre de 200 hommes environ, surprirent les batteries 3 et 5, dont ils enclouèrent les pièces; mais celles-ci purent être remises dès le lendemain en état de faire feu, parce que les Français s'étaient servis de simples clous en fer. A la suite de cet événement on désarma les batteries du N., mais il fut encore impossible, en raison de l'état du terrain, d'enlever des batteries 3 et 5 les pièces qui s'y trouvaient.

Le 28 octobre, les défenseurs exécutèrent une nouvelle sortie, et cette fois avec des forces assez considérables. Une première colonne, forte de 1 000 hommes d'infanterie, ayant débouché de la ville à 5 heures du matin, suivit la rive droite de la Meuse et pénétra dans les batteries désarmées de la côte Saint-Michel : elle en détruisit les épaulements et les abris, mit hors de service un canon de 24 démonté qui y était resté, et ne rentra dans Verdun qu'à 8 heures et demie du matin, après avoir soutenu un vif engagement contre les troupes d'investissement cantonnées dans cette zone. Une deuxième colonne, forte de 1 100 hommes d'infanterie, appuyée par un escadron de chasseurs à cheval et une section d'artillerie, quitta également la place vers 5 heures du matin et se divisa en plusieurs détachements, dont les uns marchèrent sur les batteries de l'O., pendant que les autres contenaient les troupes allemandes disséminées dans les villages voisins. Les batteries 3 et 5 furent surprises, le poste de garde n'eut pas le temps de tirer un seul coup de canon, bien que les pièces fussent chargées à mitraille. Les Français mirent complétement hors de service les 12 canons de 12 de place qui s'y trouvaient; les bouches à feu furent enclouées, les affûts brisés au moyen de sacs de poudre, les roues détruites à coups de hache, enfin les revêtements arrachés. A 9 heures, ils rentrèrent dans Verdun, laissant au dehors des postes chargés d'occuper Belleville, Jardin-Fontaine et Glorieux. Cette affaire coûta aux Allemands 8 hommes tués, 1 officier et 21 hommes blessés, 45 hommes prisonniers.

Préparatifs en vue d'un siége régulier. — Les derniers jours d'octobre et les premiers jours de novembre furent employés à réunir toutes les ressources en personnel et en matériel nécessaires pour vaincre, au moyen d'une attaque régulière, la résistance de la garnison. On tira de Sedan 2 compagnies d'artillerie de forteresse et 5 autres de Strasbourg, qui, réunies aux troupes d'artillerie déjà installées devant la place, donnèrent un total de 10 compagnies de forteresse avec 2 batteries de campagne. Le corps d'investissement fut en même temps renforcé de 1 régiment d'infanterie, de 1 bataillon de chasseurs et de 2 compagnies de pionniers.

De Strasbourg on expédia, avec des outils en quantité suffisante pour qu'il fût possible d'entreprendre simultanément la construction de 6 batteries et les ustensiles nécessaires pour procéder à l'emplombage des projectiles, 18 canons de 15^c et 32 canons de 12^c, du modèle prussien, approvisionnés à 1 000 obus et 100 shrapnels par pièce. Ce matériel fut transporté par la voie ferrée (¹) jusqu'à Commercy, où il était repris par des voitures de paysans, réquisitionnées dans le pays, qui le conduisaient jusqu'à Verdun.

Ces charrois durèrent fort longtemps, les voitures dont on disposait n'ayant qu'une capacité insuffisante, et la distance de Commercy à Verdun étant assez considérable, 56 kilomètres. Aussi, à la reddition de la place, le 8 novembre, restait-il encore à Commercy le tiers du matériel précédemment énuméré.

On reçut de Sedan 3 mortiers de 22^c, 3 mortiers de 15^c, 4 mitrailleuses avec 32 400 cartouches, et des munitions pour les bouches à feu françaises qui avaient servi aux premiers bombardements. Les transports se faisaient par la route de Stenay : quand ils furent terminés, le 2 novembre, les canons de 12 de campagne étaient approvisionnés à 412 coups, les canons de 12 de place à 480, ceux de 24 à 254, les mortiers et les obusiers de 22^c à 327. Comme on avait fait venir de Toul 12 canons de 12 de place pour remplacer ceux qui avaient été mis hors de service le 28 octobre, le parc de siége était, en définitive, composé de la manière suivante :

(¹) 6 trains, de 60 à 65 wagons chacun, furent nécessaires pour cette opération.

BOUCHES A FEU FRANÇAISES.	BOUCHES A FEU PRUSSIENNES.
14 canons de 24,	18 canons de 15ᶜ,
12 — de 12 de place,	32 — de 12ᶜ.
12 — de 12 de campagne,	
4 obusiers de 22ᶜ,	
7 mortiers de 22ᶜ,	
3 — de 15ᶜ,	
4 mitrailleuses.	

118 bouches à feu.

A l'attaque de l'O., on installa à Sivry-la-Perche, à 10 kilomètres S.-O. de Verdun, un nouveau parc réservé au matériel prussien, celui de Fromeréville étant conservé pour le matériel français; quant à l'attaque du N., le grand dépôt qui en dépendait fut maintenu à Bras.

Capitulation. — Les préparatifs entrepris en vue d'une attaque régulière marchaient donc rapidement, lorsque, le 4 novembre, le gouverneur demanda au général von Gayl un armistice de huit jours. Ce dernier consentit à la suspension immédiate et provisoire des hostilités, et télégraphia en même temps au quartier général pour obtenir l'autorisation de conclure l'armistice en question; elle lui fut accordée le 5 novembre. Les opérations de guerre ne furent jamais reprises, car, avant l'expiration du délai indiqué, des pourparlers s'engagèrent à la suite desquels la place se rendit. Metz tombé, les Français pensaient qu'ils ne pouvaient plus être secourus; du haut des tours de la cathédrale, ils avaient suivi des yeux les longs convois qui amenaient chaque jour de nouvelles bouches à feu et des munitions; ils n'ignoraient pas que le corps du général von Gayl avait, dans les derniers jours d'octobre, reçu des renforts importants: aussi s'attendaient-ils à soutenir, à bref délai, une nouvelle attaque beaucoup plus sérieuse que les précédentes. Les assiégeants, de leur côté, s'ils étaient certains de s'emparer de la place dans un temps donné, soit en continuant le bombardement, soit en procédant à une attaque régulière, ne se dissimulaient pas que

la résistance pouvait être encore longue : la garnison avait
fait preuve d'une grande énergie ; elle était abondamment
pourvue de vivres et de munitions et avait en outre, depuis
le 15 octobre, travaillé avec succès à renforcer les parties
les plus faibles de l'enceinte. Il était cependant d'un grand
intérêt pour les Allemands de se rendre maîtres le plus
tôt possible de Verdun, car ils avaient un besoin urgent
du corps de siége et de sa nombreuse artillerie contre
d'autres places : de la chute des forteresses des Ardennes
dépendait en effet, comme les événements l'ont montré,
le renforcement en temps utile de la 1re armée qui
opérait alors dans le Nord. Aussi le grand quartier général se décida-t-il à faire des conditions relativement avan-
tageuses au gouverneur, qui crut pouvoir les accepter.
Le 8 novembre fut signée une capitulation aux termes
de laquelle la garnison, moins la garde nationale, était
prisonnière de guerre ; mais la place et tout le matériel
de guerre (^{1}) qu'elle renfermait devaient faire retour à
la France à la conclusion de la paix.

(^{1}) Les Allemands trouvèrent dans Verdun 15 canons rayés de 24 de place, 25 canons rayés de 12 de place, 6 canons rayés de 4, 22e canons lisses de 16, 4 canons
lisses de 8, 24 canons-obusiers de 12, 10 obusiers de 22^c, 7 obusiers de 16^c, 4 obusiers
de 15^c, 7 mortiers de 27^c, 9 mortiers de 22^c, 4 mortiers de 15^c, en tout 137 bouches
à feu.

D'après l'état d'armement *au 1er juillet*, il conviendrait d'ajouter à l'énumération
qui précède, pour établir le chiffre exact des pièces dont Verdun devait être pourvu
au moment de l'investissement, un canon rayé de 4 et 4 mortiers de 15^c.

SIÉGE DE THIONVILLE

(D'après l'ouvrage : *Die Cernirung, Belagerung und Beschiessung von Thionville im deutsch-französischen Kriege 1870-1871*, von Spohr, Major und Kommandeur des 1. Bataillons Schlesischen Fuss-Artillerie-Regiments Nr. 6. Berlin, Vossische Buchhandlung, 1875.)

Rôle et importance de la place de Thionville. — Thionville est situé sur la Moselle, à 25 kilomètres de Metz, à 38 de Luxembourg. Les ouvrages de la rive gauche, qui constituent la place proprement dite, se composent de cinq fronts bastionnés donnant sur la campagne et d'un front en ligne droite longeant la rivière. Cette enceinte est précédée de défenses extérieures comprenant des avec contre-gardes munies de coupures, un chemin couvert ses réduits, des lunettes avancées et un avant-chemin couvert. Sur la rive droite se trouvent le grand ouvrage à cornes d'Yutz, construit par Cormontaigne, et la double couronne de Vauban, qui en est le réduit.

A l'O. et au N.-O., des contre-forts de la chaîne des Ardennes, dont l'altitude au-dessus de la plaine varie de 30 à 140 mètres, dessinent autour de la ville, à une distance de 2 000 à 4 000 mètres, une ligne de hauteurs qui offrent, pour une attaque éloignée, des positions favorables auxquelles on peut arriver par de bonnes routes et sans être vu des ouvrages. Dans les prairies qui s'étendent entre les collines et l'enceinte, la présence d'une nappe d'eau à 1 mètre au-dessous du sol rendrait au contraire fort difficile, pendant un siège, l'exécution de travaux rapprochés. A l'E., le terrain s'abaisse par une pente douce jusqu'à une faible distance de la tête de pont, formant un glacis naturel sur lequel un assaillant ne pourrait aussi que très-péniblement cheminer.

En résumé, au moment de la guerre, la place, entourée d'une multitude d'obstacles passifs, était à l'abri d'une attaque de vive force, mais elle se trouvait en même temps dépourvue de toutes propriétés offensives. L'espace nécessaire au déploiement des troupes faisait défaut à l'intérieur, tant les ouvrages étaient resserrés, et la garnison ne pouvait tenter aucune action au dehors, parce que tous les débouchés étaient vus de très-loin dans la campagne.

Mais si Thionville ne pouvait jouer un rôle actif dans la défense du territoire français, il n'en avait pas moins une certaine importance tenant à sa situation. Barrant la vallée de la Moselle, cette place obligeait en effet les armées étrangères venant du Nord ou du Midi à faire de longs détours dans un pays boisé, coupé de vallées nombreuses et profondes; elle était comme le poste avancé de Metz sur la voie ferrée qui mettait cette grande forteresse en communication avec le nord de la France; enfin, outre plusieurs routes importantes, elle commandait le chemin de fer de Luxembourg qui eût été fort utile aux Allemands; aussi ces derniers songèrent-ils de bonne heure à s'en assurer la possession.

Coup de main du 14 août. — Les rapports fournis sur la composition et l'effectif de la garnison par des patrouilles de cavalerie qui, dans la journée du 13 août, s'étaient avancées jusqu'aux portes de Thionville, faisant espérer que cette place pourrait être enlevée par surprise, le commandant de la 1re armée, alors en marche sur Metz, confia l'exécution de ce coup de main à la 31e brigade d'infanterie : elle fut, à cet effet, renforcée d'un escadron de hussards, d'une batterie de 8^c et d'une compagnie de pionniers. Elle se mit en marche le 13 août, avec l'ordre de s'avancer pendant la soirée du 14 à proximité de la ville, et de faire le lendemain de très-bonne heure une tentative d'escalade. Le 15, à 3 heures du matin, pendant que la cavalerie, l'artillerie et quelques compagnies restaient en réserve, trois colonnes d'assaut, précédées chacune de pionniers munis d'échelles, de pétards, etc., débouchèrent du bois d'Yutz, à 1 500 mètres de la tête de pont. Elles furent aussitôt accueillies par un feu assez vif ; ne doutant plus dès lors que leur marche n'eût été signalée à la garnison, les Allemands se retirèrent, abandonnant une entreprise qui ne présentait plus en effet aucune chance de succès.

Blocus (20 août - 1er octobre). — Ils ne tardèrent pas néanmoins à observer de nouveau, puis à cerner la place. Dans les derniers jours du mois d'août, une brigade de cavalerie, appuyée par deux bataillons d'infanterie et un détachement du génie, alla s'établir sur les deux rives de la Moselle. Les pionniers jetèrent des passerelles sur la rivière et coupèrent les chemins de fer et les télégraphes autour de la forteresse. Ces troupes, malgré leur faible effectif, repoussèrent les sorties assez fréquentes tentées par la garnison, mais elles ne réussirent pas à maintenir un blocus rigoureux. Le 20 septembre, en effet, les Français surprirent un convoi de 107 voitures chargées d'avoine, allant de Sierck à Metz, et en emmenèrent une grande partie dans la place. Ils y firent également entrer, dans la nuit du 24 au 25, après avoir rapidement réparé la ligne de Luxembourg qui n'avait subi que des dégradations insignifiantes, un convoi de 80 wagons, chargé de farine, de biscuits, de riz, etc., et remorqué par 3 locomotives. Pour prévenir le retour d'un fait semblable, on fit sauter, le 27 septembre, le pont du chemin de fer jeté sur le Kissel, près du village de Grande-Hettange.

Antérieurement, le 4 septembre, le général von Strantz, chargé de la direction du blocus, avait reçu, du commandant supérieur de la 2ᵉ armée, l'ordre de sommer la ville de se rendre, et, en cas de refus, de s'en emparer de vive force. Mais, dans une reconnaissance spéciale qu'il exécuta le lendemain, il trouva les Français sur leurs gardes, prêts à repousser toute action de vigueur, et la sommation qu'il adressa au gouverneur, hautement rejetée, n'eut d'autre effet que de rendre plus entreprenante la garnison grossie sans cesse par l'arrivée d'hommes échappés au désastre de Sedan, et soutenue au dehors par les francs-tireurs qui commençaient à se montrer fort nombreux dans le pays. En présence de cette situation et de l'opinion généralement accréditée que le maréchal Bazaine allait chercher à s'ouvrir un passage vers le N. en s'appuyant sur Thionville, il devenait indispensable de resserrer plus étroitement cette place. Aussi, le 1er octobre, le commandant du 1er corps d'armée mit-il 3 régiments de cavalerie et 1 batterie d'artillerie à cheval à la disposition du général-lieutenant von Hartmann, en lui prescrivant de poursuivre énergiquement les opérations du blocus à l'aide de ces nouvelles troupes et de celles du général von Strantz, qui passèrent sous ses ordres.

Investissement (1er octobre - 10 novembre). — Le 2 octobre, par suite de l'arrivée de nouveaux renforts, le corps d'investissement se trouvant composé de 5 bataillons d'infanterie, 5 régiments de cavalerie et 1 batterie d'artillerie à cheval, on constitua avec ces troupes deux brigades mixtes et un corps de réserve. La 1re brigade dut prendre position à l'E. et au N. de la place, la seconde au S. et à l'O., et le corps de réserve s'établit au S.-E., sur la route de Sarrelouis. Ces divers détachements occupèrent, le 6 octobre, les postes qui leur avaient été assignés, et l'investissement de Thionville fut dès lors complet. En rendant compte de ces opérations, le général von Hartmann ajoutait qu'un bombardement exécuté avec des pièces de gros calibre suffirait pour amener, au bout de très-peu d'heures, la reddition de la place. A la suite de ce rapport, le prince Frédéric-Charles prescrivit au général-major Biehler, commandant le génie de la 1re armée, d'aller étudier sur les lieux mêmes les mesures que réclamerait l'emploi du moyen proposé; après avoir, dans la journée du 7, soigneusement reconnu la position, cet officier général émit l'avis que la place était trop bien approvisionnée pour qu'on pût la réduire par un simple blocus, mais qu'il suffirait probablement, pour la faire tomber, d'en canonner, pendant quelques jours, les maisons et l'enceinte à l'aide de batteries de bombardement armées d'une puissante artillerie ; si cette démonstration échouait, il y aurait lieu d'entreprendre un siége accéléré, en choisissant pour point d'attaque la partie N.-O. des ouvrages. 50 à 60 pièces de gros calibre et un renfort de 6 bataillons, les armes spéciales non comprises, paraissaient devoir suffire pour cette opération.

Malgré l'importance qu'il attachait à la prise de Thionville, le prince Frédéric-Charles ne crut pas pouvoir, à ce moment, distraire de son armée les 60 bouches à feu de siége et les 6 bataillons d'infanterie demandés par le général Biehler. Il ajourna, en conséquence, à la chute de Metz l'exécution du plan qui lui avait été soumis, et les opérations du blocus se poursuivirent sans modification. Le 16 octobre, des instructions venues de Metz annoncèrent au général von Hartmann que l'armée de Bazaine tenterait le lendemain de se faire jour vers le N., et lui prescrivirent en même temps de porter sur l'Orne, pendant la nuit, les troupes qu'il avait avec lui. Le 17 au matin, toutes les réserves disponibles se trouvèrent concentrées sur la rive gauche de la Moselle ; mais les Français n'exécutèrent aucun mouvement à Metz, et la garnison de Thionville seule fit une sortie. A 5 heures et demie du matin, 3 bataillons, appuyés par un escadron de cavalerie et une section d'artillerie, après avoir jeté quelques réserves dans Beauregard et la ferme Gassion, se portèrent au N.-O. contre les positions occupées par la 1re brigade ; les avant-postes furent d'abord repoussés, mais les soutiens, en entrant en ligne, ne tardèrent pas à arrêter les progrès des Français, qui se retirèrent à 10 heures et demie dans la place. Les Allemands eurent dans cette affaire 28 hommes mis hors de combat.

Il ne se produisit aucun autre incident jusqu'au 28 octobre ; à cette date, le général von Hartmann reçut, avec la nouvelle de la capitulation de Metz, l'ordre de remettre la direction du blocus au général von Strantz, et de se porter lui-même avec sa division de cavalerie à Briey. Malgré le départ de cette troupe, la ligne des postes établis autour de Thionville ne subit aucun changement essentiel.

Le 8 novembre, le commandant supérieur de la 1re armée prévint le général von Strantz de la reddition de Verdun et lui prescrivit en même temps de sommer le gouverneur de Thionville de capituler, aux mêmes conditions que l'armée de Sedan, en lui faisant savoir que s'il s'y refusait, la place serait bombardée avant huit jours. Cette menace ne produisit aucun effet, le gouverneur répondit qu'il était prêt à se défendre jusqu'à la dernière extrémité. Un siége véritable étant ainsi devenu nécessaire, la brigade du général von Strantz fut remplacée, vers le 10 novembre, par la 14e division, général von Kameke, détachée du 7e corps.

Premières opérations du siége; détermination du plan d'attaque. — Après avoir établi ses troupes (¹) dans leurs cantonnements, le général von Kameke, accompagné des états-majors de l'artillerie et du génie, fit, pendant les journées des 11 et 12 novembre, la reconnaissance complète des environs de la place sur les deux rives de la Moselle. Les observations recueillies pendant cette opération, jointes aux renseignements précédemment obtenus, le portèrent à penser qu'un bombardement général, exécuté avec des moyens suffisants, était de tous les modes d'attaque celui qui serait le plus rapidement couronné de succès et qui permettrait le mieux d'épargner le sang des soldats. Bien des officiers, particulièrement dans le corps du génie, inclinaient à croire au contraire qu'un *siége ac-*

(¹) La 14e division était forte de 12 bataillons, 4 escadrons et 4 batteries : à ces troupes s'ajoutèrent 2 bataillons et 4 escadrons qui avaient appartenu au précédent corps de blocus. Mais après avoir formé les détachements nécessaires pour investir Montmédy et observer Longwy, le général von Kameke n'eut plus à sa disposition que 10 bataillons, 6 escadrons et 4 batteries.

céléré présenterait plus d'avantages : ils opposaient la chute
si rapide de Soissons, de Schlestadt et de Neufbrisach,
attaqués de cette manière, à la longue défense qu'avaient
faite Strasbourg et Verdun, vigoureusement bombardés.
Mais ils oubliaient qu'à Strasbourg, par suite de l'insuffisance de l'équipage de siége, l'attaque n'avait pu couvrir de
ses feux qu'une faible partie des ouvrages, et qu'à Verdun
les assiégeants, dans leurs batteries armées de pièces françaises, et percées, par conséquent, d'embrasures larges et
profondes, ouvertes à tous les coups de la défense, s'étaient
vus contraints d'user leurs munitions dans une lutte d'artillerie inégale au lieu d'en faire usage contre la ville. Ces
deux fâcheuses circonstances ne devaient pas se repré-
senter à Thionville ; aucune des parties de la place ne
pourrait échapper au feu des nombreuses batteries qu'on
se proposait d'établir sur tout le pourtour de l'enceinte,
et les pièces de siége, toutes d'origine allemande, montées
sur des affûts élevés et abritées derrière des épaulements
continus, auraient fort peu à souffrir des coups des défenseurs battus eux-mêmes de front, de revers et d'enfilade. D'autres raisons encore engageaient le général von
Kameke à persister dans son opinion. L'établissement
d'un système de tranchées aurait exigé plus de travailleurs
que n'en pouvaient fournir les bataillons d'infanterie, affai-
blis dans leur effectif et fatigués par le blocus de Metz.
La construction des batteries n'occuperait au contraire
que les seules troupes d'artillerie, qu'aideraient au besoin
les pionniers, puisque les épaulements, disséminés sur une
ligne très-étendue et dissimulés aux vues de la défense,
pourraient sans inconvénient être élevés l'un après l'autre.
Mais tout en admettant que les opérations du siége accéléré ne devaient passer qu'en seconde ligne, le commandant de la 14ᵉ division n'en méconnaissait pas l'utilité ;
aussi, en même temps qu'il donnait des ordres pour le
bombardement, il prescrivit d'établir une attaque régulière
simplifiée en partant d'une parallèle à établir dans la nuit

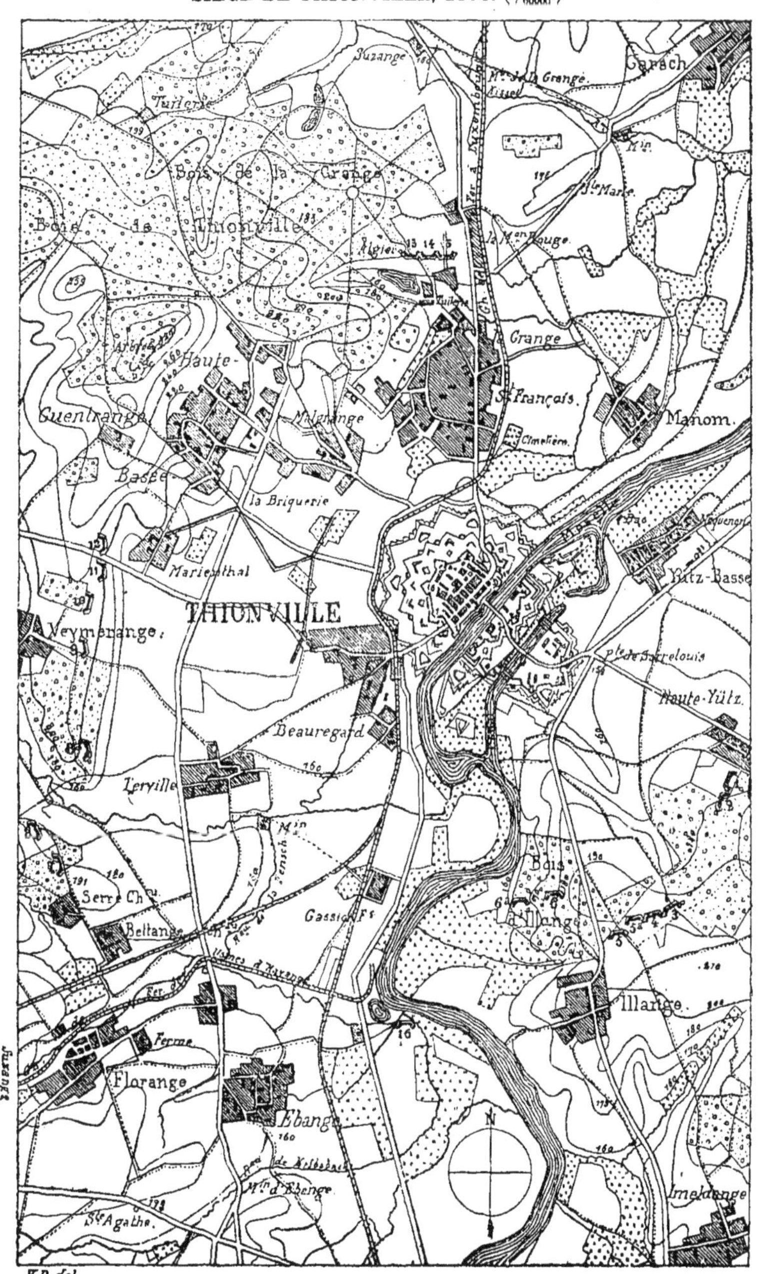
Suzange
Garach
M. de la Grange
Tuilerie
Tissel
Min.
Bois de la Grange
Ste Marie
Bois de Thionville
la Mon Rouge
Algier
Grange
Tuiler
St François
Haute-
Manom
Guentrange
Melgrange
Cimetière
Basse
la Briquerie
Séquenot
Yutz-Basse
Marienthal
THIONVILLE
pte de Sarrelouis
Veymerange
Haute-Yutz
Beauregard
Teyville
Min.
Bois
Serre Chu
Gassion Ft
Illange
Bettange
Usines d'Hayange
Ferme
Illange
Florange
Ebange
N
de Kölbsbach
Min. d'Ebange
Imeldange
Ste Agathe

V.D. del.

qui suivrait l'ouverture du feu. Les attaques devaient être
dirigées sur les fronts 5-6-7 qui présentaient des conditions particulièrement favorables : la chaussée du chemin
de fer de Luxembourg offrait un parapet tout préparé pour
la 3e parallèle, et les bâtiments de la station voisine servi-
raient de points d'appui pour le flanc droit des attaques,
couvert plus en arrière par le ruisseau de la Fensch, le
village de Terville et la ferme Gassion, pendant que le
flanc gauche serait lui même protégé par des postes établis dans les villages de Haute et de Basse-Guentrange.
Le front 5-6 pouvait être pris de revers et d'enfilade par
des pièces établies à la Maison-Rouge, et les ouvrages
collatéraux avantageusement contre-battus des hauteurs de
Veymerange. Enfin, le terrain des attaques communiquait
par de bonnes routes avec la gare d'Uckange, dépôt provisoire du matériel d'artillerie.

Sur la rive droite, la disposition du terrain, comme on
l'a vu plus haut, aurait rendu l'exécution des travaux d'approche fort difficile : on se borna à y établir des batteries destinées à agir contre les fronts E. de l'enceinte et
contre la tête de pont, de manière que la ville entière se
trouvât enserrée dans un cercle de feux.

Personnel et matériel d'artillerie. — La formation de
l'équipage de siége n'eut pas lieu sans difficulté. Il devait,
à l'origine, être constitué à l'aide des réserves laissées
en Allemagne et des pièces de gros calibre précédemment employées au blocus de Metz. Mais une partie
de ces dernières bouches à feu avaient été dirigées sur
Verdun, et les ressources de l'arsenal de Spandau se
trouvaient pour ainsi dire épuisées par suite des envois
successifs faits à l'armée assiégeant Paris et aux corps
qui opéraient contre les places de l'E. et du N. de la
France. La capitulation de Verdun ne tarda pas à rendre
de nouveau disponibles les bouches à feu empruntées à
l'armée de Metz, et, le 18 novembre, le général von Kameke eut à sa disposition le matériel suivant :

BOUCHES A FEU PRUSSIENNES.	BOUCHES A FEU FRANÇAISES.

4 mortiers rayés de 21^c $\Big\}$ $(^1)$;

11 canons courts de 15^c $\Big\}$

15 canons longs de 15^c, en fonte $(^2)$;

10 canons longs de 15^c, en acier $\Big\}$ $(^3)$;

50 canons de 12^c, en bronze

24 canons de 9^c $\Big\}$ $(^4)$.

18 canons de 8^c

__132__

8 mortiers de 32^c $\Big\}$ $(^5)$.

4   id.   de 27^c

14   id.   de 22^c

__26__

158 bouches à feu $(^6)$

L'approvisionnement tiré des places de Sarrelouis et de Spandau pour les canons rayés, et de l'arsenal de Metz pour les mortiers lisses, était constitué de la manière suivante :

Mortiers de 21^c. . . . . 300 coups par pièce.

Canons longs $\big\{$ 262 obus ordinaires. . . . . $\big\}$ 292   —
  de 15^c. $\big\{$ 30 shrapnels. . . . . $\big\}$

Canons de 15^c (obus allongés) 500   —

Canons $\big\{$ Obus ordinaires emplombés. 238,4 $\big\}$ 488   —
de 12^c. $\big\{$ —   non emplombés. 249,2 $\big\}$

Mortiers de $\big\{$ 32^c . . . . $\big\}$
          $\big\{$ 27^c . . . . $\big\}$ 210   —
          $\big\{$ 22^c . . . . $\big\}$

Les troupes d'artillerie se composaient de 7 batteries de campagne $(^7)$, de 13 compagnies de forteresse $(^8)$ et d'un détachement de 65 hommes tiré de la batterie affectée au ser-

---

$(^1)$ Provenant de Spandau : les mortiers de 21^c, arrivés seulement le 21 novembre, ne purent être utilisés.

$(^2)$ Provenant de Sarrelouis.

$(^3)$ Provenant de l'armée allemande de Metz.

$(^4)$ Appartenant aux batteries de campagne attachées au corps de siége.

$(^5)$ Trouvés à l'arsenal français de Metz.

$(^6)$ De ces 158 bouches à feu, 85 seulement furent mises en batterie pendant le bombardement : les autres, tenues en réserve pour servir à l'armement des batteries de siége proprement dites, qui ne furent jamais construites, ne purent être utilisées.

$(^7)$ L'artillerie de la 14e division avait été renforcée, le 11 novembre, de 3 batteries tirées de la réserve du 7e corps.

$(^8)$ 7 venues de l'armée de Metz (14 novembre), 3 du corps de siége de Verdun (16 novembre), et 3 d'Allemagne (18 novembre).

vice de la Commission d'expériences, dont 2 membres, 1 major et 1 capitaine, furent attachés en qualité d'instructeurs à l'état-major de l'artillerie du corps de siége.

Le parc de siége fut établi à Suzange, à 6 kilomètres au S.-O. de Thionville, dans une position très-favorable. De grands bois le dissimulaient à la vue des défenseurs, et des chemins en bon état le reliaient soit avec le terrain des attaques, soit avec la gare d'Uckange où l'on avait déposé tout le matériel expédié de Spandau et de Sarrelouis. Indépendamment des routes ordinaires, on utilisa encore pour conduire ce matériel à Suzange le chemin de fer des usines d'Hayange, bien qu'il passât à moins de 3 300 mètres de l'enceinte. Les trains, ne circulant que la nuit, n'éprouvèrent jamais d'accident. Les divers ateliers furent très-commodément installés dans les dépendances des usines ou sous des tuileries, et une église isolée, située à quelques centaines de mètres du parc, servit de magasin à poudre.

Le parc de Suzange eut à Grande-Hettange une annexe destinée à faciliter l'approvisionnement du groupe de batteries placé au N. de la place, et l'on organisa, en outre, à Bertrange un petit parc indépendant, pour subvenir aux besoins des batteries situées sur la rive droite de la Moselle.

Les troupes fournirent chaque jour les travailleurs nécessaires ([1]) ; et 500 chevaux, 300 à Suzange, 100 à Hettange, 100 à Bertrange, furent affectés à l'exécution des transports. Ces ressources ne furent pas suffisantes, et l'on dut souvent avoir recours à des attelages empruntés aux batteries de campagne ou réquisitionnés dans le pays.

Emplacement, construction et armement des batteries([2]). — Le plan de la page 28 et le tableau suivant font suf-

---

([1]) 40 hommes seulement furent attachés en permanence au parc de Suzange.

([2]) On tira de Metz les bois de plates-formes et les outils; les fascinages furent confectionnés du 16 au 18 novembre, près des emplacements des batteries, les bois voisins offrant à cet égard toutes les ressources nécessaires.

fisamment connaître les emplacements des diverses batteries, ainsi que les objectifs qui leur étaient assignés :

NUMÉROS des batteries.	ARMEMENT.		DISTANCES aux points à battre.	OBJECTIFS DES BATTERIES.
	Nombre de pièces.	Calibre.		
			mètres.	
1	6	9c	1500 — 2000	Contre-battre la tête de pont, enfiler le front N.-E. de la ville.
2	6	8c	1600 — 2100	Battre la tête de pont et, éventuellement, la ville.
3	6	9c	2100 — 2800	Idem.
4	6	9c	2100 — 2800	Idem.
5a	2	mort. de 32c	1900 — 2500 — 2700	Battre la double couronne et l'ouvrage à cornes.
5	6	15c longs	2500 — 2300 — 2800	Battre la tête de pont, enfiler le front 6-7 de la ville.
6	6	12c	1500 — 2200 — 2500	Battre la tête de pont et la ville.
6a	2	mort. de 32c	1700 — 1900 — 2300	Idem.
7	4	15c longs	3800 — 4100	Enfiler les fronts N-O.(4-5-6);battre les établissements de la ville.
8	4	15c longs	3900 — 4200	Enfiler les fronts N.-O. (3-4-5).
8a	4	15c courts	3100 — 3400	Bombarder la ville.
9	4	12c	2900 — 3200	Idem.
10	4	12c	2900 — 3000	Idem.
11	4	12c	2800 — 3000	Idem.
12	4	12c	2700 — 2900	Idem.
13	4	12c	2300 — 2600	Enfiler le front S.-O. (6-7), bombarder la ville.
14	4	12c	Id.	Idem.
15	4	12a	Id.	Idem.
16	5	15c courts	3400	Bombarder la ville et enfiler le front O. (5-6.)

Leur construction, commencée le 18 novembre, ne fut jamais sérieusement inquiétée par la place. La garnison, occupée elle-même à des préparatifs de défense, ou craignant de s'avancer trop loin dans la campagne, ne fit pas de sorties pour reconnaître les positions choisies par les Allemands, et comme elle ne pouvait les discerner de l'intérieur des ouvrages, parce que de grands bois les couvraient, elle se borna à canonner au hasard les points où l'assiégeant lui semblait devoir s'établir;

7 hommes seulement furent blessés par ce feu. Aussi les travaux, continués sans interruption, marchèrent-ils rapidement; malgré des difficultés tenant à la nature du sol ou à la présence de bois taillis et d'arbres séculaires dont il fallut débarrasser le terre-plein de la plupart des batteries, ces dernières se trouvèrent terminées le 21 novembre, et l'armement put en être fait dans la nuit suivante. Cette opération, exécutée par un temps sombre et pluvieux, se fit assez heureusement. Un vent d'ouest assez violent empêchant les défenseurs de percevoir le bruit des voitures, leur attention ne fut presque pas éveillée. Le détachement des batteries de Veymerange reçut seul quelques coups de canon; l'un des premiers obus lancés tomba juste en avant de la tête de la colonne, tua 2 hommes, en blessa 6 autres et mit 5 chevaux hors de service; heureusement les Français qui, dans l'obscurité, n'avaient pu apprécier la justesse de leur tir, ne tardèrent pas à suspendre le feu.

Dans la même nuit, les avant-postes se rapprochèrent de la place, et celles des batteries de campagne qui ne devaient pas prendre part au bombardement détachèrent des sections pour les soutenir. On mit en outre en état de défense le village de Terville qui, avec le moulin de la Fensch, formait le point d'appui principal de l'attaque régulière : la garnison ne chercha pas à troubler ce travail.

Dispositions pour l'ouverture du feu. — L'ouverture du feu fut fixée au 22 novembre, à 7 heures du matin : le signal devait en être donné par la batterie 7, voisine du château de Serre où se tenaient le général von Kameke et le commandant supérieur de l'artillerie, major von Eynatten.

Il était prescrit aux batteries de diriger leurs coups de préférence sur l'intérieur de la ville, et de ne répondre à l'artillerie des remparts que si elle devenait trop gênante ; elles pouvaient, d'ailleurs, si cette hypothèse se réalisait, accélérer la vitesse du tir, réglée, par heure, à raison de 4 coups pendant le jour et de 1 coup pendant la nuit. De nombreux observatoires, d'où l'on pouvait suivre les effets du bombardement, permettaient d'apprécier les modifications à faire subir au pointage, et des cavaliers, ou des postes d'hommes à pied échelonnés de distance en distance, suppléant au manque absolu d'appareils télégraphiques, assuraient la prompte transmission des ordres du commandant en chef, en même temps qu'ils facilitaient les communications des batteries entre elles.

Bombardement. — L'ouverture du feu ne fut précédée d'aucun avertissement, les refus nombreux formulés par le gouverneur rendant inutile toute nouvelle sommation.

22 novembre. — Un coup de canon tiré à 7 heures du matin, par la batterie 7, donna le signal attendu. Aussitôt toutes les pièces en batterie tonnèrent contre la ville : on leur fit prendre d'abord un tir très-allongé, afin de diminuer le nombre des coups perdus et de rectifier rapidement le pointage, les projectiles qui atteignaient les édifices étant plus faciles à observer que ceux qui tombaient sur les remparts, masqués en partie par d'épais rideaux d'arbres. La place ne répondit que vers 7 h. 1/2 ; son tir, d'abord incertain, acquit bientôt assez de précision pour qu'il devînt indispensable d'y répondre. Il s'établit alors un très-vif combat d'artillerie, qui ne dura pas longtemps : les assiégeants n'avaient aucune supériorité quant au nombre total des bouches à feu, mais, grâce à l'excellence de leurs positions, ils pouvaient concentrer successivement le feu de plusieurs de leurs batteries sur chacune des diverses parties de l'enceinte ; aussi les ouvrages de la rive gauche, battus de front, de revers et d'enfilade, ne tardèrent-ils pas à cesser leur feu (¹), et la tête de pont seule continua à tirer pendant quelque temps (²).

(¹) A dix heures.
(²) Jusqu'à midi.

Le général von Kameke fit, à partir de midi, suspendre le feu pendant une heure, afin de donner aux troupes, fatiguées surtout par le travail des jours précédents, un moment de repos dont elles avaient grand besoin. Ce laps de temps écoulé, les batteries reprirent le bombardement et, de tout le reste du jour, elles ne furent plus inquiétées par la place.

Les premiers incendies n'éclatèrent qu'à 4 heures du soir; leur apparition tardive ayant été attribuée à ce que les projectiles ne contenaient pas de roche à feu, on fit, pour le tir de nuit (¹), approvisionner les batteries d'obus incendiaires dont l'emploi donna, en effet, des résultats plus satisfaisants.

Pendant la nuit, on essaya vainement de conduire les mortiers de 21ᶜ sur les emplacements qui leur avaient été préparés : les roues s'enfoncèrent dans les terres détrempées par la pluie, et les efforts réunis des hommes et des chevaux ne suffirent pas à faire avancer les voitures. Les pionniers et les travailleurs auxiliaires d'infanterie éprouvèrent également de très-grandes difficultés en ouvrant la première parallèle. Le tracé, d'un développement total de 3 000 mètres, comprenait une tranchée allant de Beauregard à la Briquerie, et deux communications aboutissant l'une à Terville, l'autre à Marienthal. Le travail marcha très-vite pendant la première partie de la nuit; mais vers 11 heures, il fut impossible de maîtriser les eaux accumulées par une pluie violente dans les profonds sillons de labour qui couraient perpendiculairement à la tranchée; les nombreuses digues commencées furent emportées; la parallèle, remplie en certains points jusqu'au bord, devint une véritable rivière, et on dut la faire évacuer par les travailleurs.

23 novembre. — Le feu, entretenu pendant la nuit comme

(¹) Les batteries armées de pièces de siége exécutèrent seules le tir de nuit, les servants des batteries de campagne, en trop petit nombre pour former deux détachements susceptibles de se relever l'un l'autre, rentrèrent dans leurs cantonnements à la chute du jour.

on l'a dit plus haut, reprit toute sa violence à partir de 7 heures du matin. Sur la rive gauche, les ouvrages de la place restant silencieux, les batteries allemandes purent s'appliquer tout entières à leur œuvre de destruction. Pendant que quelques pièces tiraient sur les maisons déjà embrasées pour empêcher les défenseurs de combattre les progrès du feu, les autres s'efforçaient d'allumer de nouveaux foyers d'incendie dans les parties de la ville jusqu'alors épargnées. Les batteries de la rive droite reçurent, dans la matinée, quelques coups de canon partis de l'ouvrage à cornes, mais, n'en ayant éprouvé aucun dommage, elles jugèrent inutile d'y répondre et tournèrent, elles aussi, leur activité contre la ville.

Le feu fut suspendu un moment vers 3 heures, à cause de pourparlers qui d'ailleurs ne purent aboutir : le gouverneur de Thionville sollicitait une suspension d'armes et l'autorisation de faire sortir de la place les femmes et les enfants. Le général von Kameke répondit par un refus formel à cette demande, et, dans la pensée que les Français ne l'avaient présentée que pour se ménager le temps nécessaire à la réparation de leurs ouvrages, il fit poursuivre, pendant la nuit suivante, le bombardement avec la même énergie que pendant le jour : aussi la ville ne fut-elle bientôt plus qu'un vaste brasier. L'incendie ne pouvant se développer avec la même facilité dans la tête de pont où les constructions étaient moins serrées, les défenseurs profitèrent de cette circonstance pour faire, de 9 heures du soir à 2 heures du matin, un feu assez vif contre les batteries du bois d'Illange, auxquelles ils ne causèrent d'ailleurs que des pertes légères.

24 novembre. — Chassée des remparts par les flammes qui dévoraient les maisons voisines de l'enceinte, la garnison ne pouvait plus se servir que des pièces placées sur quelques-uns des fronts de la rive droite.

C'est ainsi que de 9 à 10 heures du matin elle canonna

les batteries de Haute-Yutz avec les bouches à feu constituant l'armement du bastion 53. Après ce dernier effort, et sentant toute résistance désormais impossible, elle entama de nouvelles négociations qui se terminèrent par une capitulation signée à 5 heures du soir.

Munitions consommées par les assiégeants. — Le tableau suivant fait connaître les munitions consommées par les assiégeants du 22 au 24 novembre, et les ressources dont ils disposaient encore à la dernière de ces deux dates.

ESPÈCE DE PROJECTILES.	EXISTANT avant le bombardement	CONSOMMÉS du 22 au 24 novembre.	DISPONIBLES au moment de la capitulation.
Obus de 8ᶜ	2 592	523	2 592 (¹)
Obus de 9ᶜ	2 952	1 391	2 952 (¹)
Obus de 12ᶜ	24 382 (²)	3 997	20 385 (²)
Shrapnels de 12ᶜ	2 495	»	2 495
Obus ordinaires de 15ᶜ	6 552	1 500	5 052
Shrapnels de 15ᶜ	750	»	750
Obus allongés de 15ᶜ	5 500	911	4 589
Obus de 21ᶜ	1 200	»	1 200
Bombes de 22ᶜ	2 940	»	2 940
Bombes de 27ᶜ	840	»	840
Bombes de 32ᶜ	1 680	283	1 397
Totaux	51 883	8 605	45 192

Pertes en hommes et en matériel. — L'artillerie allemande eut 3 hommes tués et 21 blessés (³); 4 canons de 12ᶜ furent mis momentanément hors de service par des accidents survenus pendant le tir aux appareils de fermeture, mais aucune pièce ne fut démontée par le feu de la place.

État de la ville après la capitulation. — A leur entrée dans la ville, les troupes allemandes la trouvèrent en grande partie ruinée et brûlée. Les casernes et les édi-

---

(¹) Le réapprovisionnement des batteries de campagne (3 de 8ᶜ, 4 de 9ᶜ) étant assuré par les colonnes de munitions du 7ᵉ corps d'armée, ces batteries pouvaient être considérées comme ayant toujours leurs coffres au complet.

(²) Dont 12 462 non emplombés.

(³) Dont 2 officiers.

fices publics étaient détruits, la plupart jusque dans leurs fondements; quelques maisons particulières restaient debout, mais pas une seule n'était complétement intacte : les incendies duraient encore, et l'on dut employer à les combattre trois compagnies de pionniers qui furent chargées en même temps de déblayer les rues et l'entrée des caves dans lesquelles les habitants s'étaient réfugiés.

SIÉGE DE SOISSONS

(D'après l'ouvrage : *Die Belagerung von Soissons im Jahre* 1870, von H. MULLER,
Major à la suite des Badischen Fuss-Artillerie-Bataillons nᵒ 41, Adjutant der
General-Inspection der Artillerie. Berlin, Vossische Buchhandlung, 1875.)

Dispositions préparatoires. — Après la reddition de
Toul, 23 septembre 1870, les Allemands, qui disposaient
déjà de la voie ferrée conduisant directement à Paris par
Châlons et Château-Thierry, résolurent de s'assurer encore
la possession de la ligne secondaire Châlons-Reims-Sois-
sons. Elle était barrée par la place de Soissons, que le prince
royal de Saxe avait, le 11 septembre, lors de la marche du
4ᵉ corps sur Paris, inutilement sommée de se rendre. L'occupation de cette forteresse devenant donc indispensable,
ordre fut donné au grand-duc de Mecklembourg-Schwerin
d'en faire d'abord l'investissement, puis le siége régulier,
en employant à ces opérations les troupes du 13ᵉ corps,
placé sous son commandement. L'artillerie de siége qui
avait servi précédemment pour l'attaque de Toul fut mise
à sa disposition avec trois compagnies d'artillerie de forteresse.

Investissement. — Jusqu'au 24 septembre, les troupes
allemandes s'étaient tenues à 3 ou 4 millés de Soissons
(22 à 30 kilomètres); à cette date, le lieutenant-colonel
von Stülpnagel fut envoyé avec un régiment de landwehr,
un escadron de dragons et une compagnie de pionniers
pour commencer l'investissement. En s'établissant à l'E.
de la place, ce détachement eut à soutenir contre les Français un combat assez vif, dans lequel il perdit 2 officiers
et 19 hommes. Pendant les jours suivants, les troupes
allemandes s'étendirent au S. et à l'O. de la ville, mais
sans pouvoir, en raison de leur faible effectif, intercepter
complétement les communications des Français avec le

Nord. Aussi, le 29 septembre, le commandant du 13ᵉ corps, sur le rapport du lieutenant-colonel d'artillerie Wiebe, qu'il avait envoyé reconnaître l'état de la forteresse, décida que le corps d'investissement serait composé de 7 bataillons, 4 escadrons, 2 batteries de campagne et 2 compagnies de pionniers. En même temps, il prescrivit au général-lieutenant von Selchow, qui prit vers cette date la direction des opérations, de serrer étroitement la ville et de prendre toutes les mesures nécessaires pour en amener la prompte reddition.

Soissons ne fut néanmoins entièrement cerné que le 6 octobre, les Allemands n'ayant pu, sans de sérieux efforts, s'établir dans la boucle de l'Aisne, au N.-E. de la place ; le général von Selchow avait d'ailleurs demandé et obtenu un bataillon de renfort qui rejoignit, le 7 octobre, le corps de siége. Les patrouilles françaises n'en continuèrent pas moins de se montrer en avant des fronts de l'O. et du S., la supériorité de leur armement leur permettant de tenir à distance les avant-postes ennemis ; elles ne disparurent complétement qu'après que les batteries de siége eurent ouvert le feu.

Détermination du plan d'attaque. — Les Allemands songèrent d'abord à ne faire qu'un simple bombardement, en négligeant de contre-battre l'artillerie de l'enceinte ; mais ils ne tardèrent pas à abandonner ce parti pour les raisons suivantes : un gouverneur énergique ne se rendrait pas avant d'avoir soutenu un combat d'artillerie ; le bombardement aurait bientôt épuisé les faibles approvisionnements des assiégeants, qui se trouveraient dans une position fâcheuse, leurs munitions une fois consommées, si la place n'avait déjà capitulé ; le courage de la garnison ne pourrait que s'exalter, si on la laissait tranquille sur les remparts ; il se soutiendrait bien moins, au contraire, si les batteries de siége tiraient à la fois sur les remparts et sur les maisons de la ville. Pour ajouter encore à cet effet moral, et ayant d'ailleurs égard aux prescriptions

SIÉGE DE SOISSONS (1870).

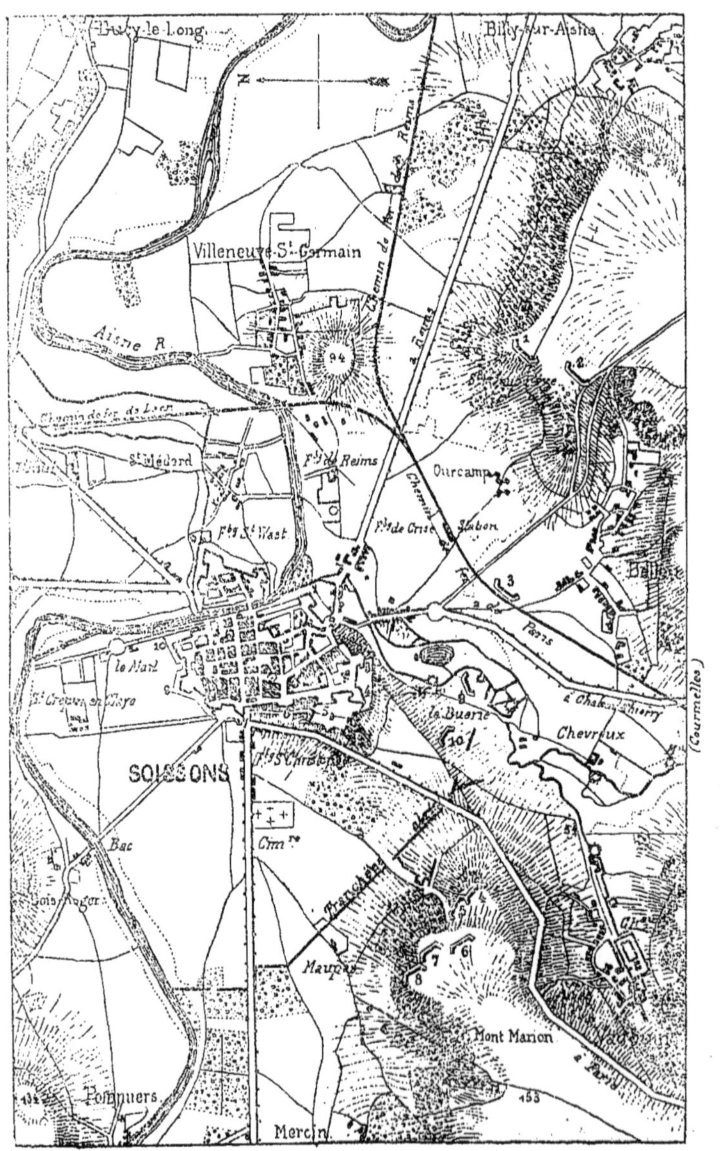

édictées dans les règlements français relativement à la défense des places, on résolut de faire immédiatement brèche à l'enceinte.

A la suite de reconnaissances exécutées dans les journées des 4, 5 et 6 octobre, il fut décidé que les attaques seraient dirigées contre le front 3-4, qui pouvait être battu de face, de revers et d'enfilade par des batteries établies les unes sur les hauteurs de Sainte-Geneviève, au S.-E. de la place, les autres sur le mont Marion, au S.-O. Ces deux contre-forts limitent la vallée de la Crise, affluent de l'Aisne; le premier, situé à 2 300 mètres de l'enceinte, s'élève de 77 mètres au-dessus de la magistrale du bastion 3, et le second, distant de 1 350 mètres des ouvrages les plus voisins, de 90 mètres au-dessus de la magistrale du bastion 4. De leurs sommets, on aperçoit la ville entière et le terrain environnant; du mont Marion, on découvre presque entièrement l'escarpe de la courtine 3-4 et même une partie du fond du fossé. Les pièces mises en batterie sur cette dernière position ne pouvaient atteindre le revêtement que sous un angle de 45°, mais l'exécution d'une brèche ne semblait pas néanmoins devoir présenter de grandes difficultés, la muraille n'ayant pas de voûtes en décharge et la maçonnerie n'étant pas d'ailleurs d'excellente qualité.

Le front 3-4 ne possédait aucun ouvrage extérieur, pas même un ravelin, et il n'avait aucune protection à attendre des bastions voisins. Le passage du fossé, si cette opération devenait nécessaire, s'effectuerait facilement; la contrescarpe, en effet, n'était pas revêtue et le feu des pièces flanquantes, bien qu'elles fussent convenablement abritées par des orillons, pourrait être éteint d'avance. Enfin, si la canonnade ne suffisait pas à amener la chute de la place, on procéderait sans difficulté à une attaque régulière qui serait aisément conduite jusqu'au pied du glacis, le terrain compris entre la Crise et la route de Paris n'étant pas susceptible d'être inondé.

Au point de vue stratégique, il était encore préférable d'attaquer la ville par le Sud plutôt que par le Nord, puisque dans la première hypothèse les parcs et les dépôts seraient situés à proximité de lignes d'étapes importantes, les routes de Château-Tierry et de Reims.

Si, dans l'emplacement qui leur était assigné en raison de la situation du front d'attaque et de la disposition du terrain, les batteries étaient trop éloignées de la place pour exécuter un tir à démonter avec la précision nécessaire, elles ne semblaient pas moins devoir produire de grands effets, tous leurs coups étant dirigés sur un but unique, battu de divers côtés.

L'inondation de la Crise obligea les Allemands à faire deux attaques; celle de l'E., la plus éloignée, n'avait qu'une importance secondaire, elle devait surtout aider à battre le front 3-4 par des feux croisés. Le parc de siége fut également fractionné en deux parties : la première, établie près de la route de Reims, à l'endroit où elle est coupée par le chemin de Venizel à Billy; la seconde, située au S. du village de Courmelles, à 3 770 mètres seulement de l'enceinte, mais échappant complétement aux vues des défenseurs. On n'aurait pu, d'ailleurs, qu'au détriment de la facilité des transports, choisir en arrière une position plus favorable au point de vue de la sécurité.

Personnel et matériel d'artillerie. — Les troupes d'artillerie se composaient de 4 compagnies d'artillerie de forteresse et de 2 batteries de campagne de réserve, ayant les unes et les autres l'effectif normal ([1]).

Le matériel comprenait d'abord les pièces qui avaient servi au siége à Toul : 10 canons de 15ᶜ longs en acier, 16 canons de 12ᶜ en bronze, et en outre 6 canons de 9ᶜ et 6 canons de 8ᶜ appartenant aux batteries de campagne. On adjoignit à ces bouches à feu 2 mortiers de 27ᶜ, 4 de 22ᶜ et 4 de 15ᶜ pris à Toul ou à Marsal. Les canons de siége

____

([1]) 190 hommes de troupe pour les compagnies; 100 pour les batteries.

étaient approvisionnés à 470 coups environ; les obus avaient été emplombés en Allemagne et envoyés, pour la plupart, tout chargés du parc de Toul, le bombardement de cette place n'ayant donné lieu qu'à une faible dépense de munitions. Les canons de campagne n'avaient que leur approvisionnement ordinaire.

La confection des fascinages prenant toujours un temps considérable, pour hâter les préparatifs, on fit venir de Toul les gabions et les saucissons qui n'y avaient pas été employés, ainsi que les bois de plates-formes, les outils nécessaires, etc.; en même temps on recevait de Châlons 200 gabions, 100 saucissons, 500 pelles, 100 pioches et 100 masses provenant des magasins français.

Pour se procurer les moyens de transport qui leur étaient indispensables, les Allemands réunirent 90 voitures de paysans avec pareil nombre de conducteurs et 150 chevaux. Les propriétaires de ces voitures durent, en les livrant, fournir plusieurs jours de vivres pour les conducteurs et les attelages. Ils furent, en outre, avertis qu'ils auraient à renouveler ces approvisionnements à des époques déterminées, et que hommes et chevaux seraient retenus au parc jusqu'à ce qu'il en fût présenté d'autres pour les remplacer. Tous les transports, sauf ceux auxquels donna lieu l'armement des batteries, pour lesquels on utilisa les attelages de l'artillerie de campagne, ont été exécutés au moyen des chariots ainsi réquisitionnés.

Le matériel ne put, sans de grandes difficultés, être amené de Toul à Soissons. La ligne ferrée n'était praticable que jusqu'à Reims; en outre, les Français ayant fait sauter le pont de la Marne à Saint-Martin-sur-Pré, au N. de Châlons, le tablier provisoire, posé sur la portion subsistante des piles, se trouvait à 1^m,30 au-dessous du niveau de la voie. Les wagons arrivant de Toul étaient descendus sur le pont à l'aide de chevaux ou à force de bras et remontés par les mêmes moyens pour être ensuite remorqués par une locomotive venue de Reims. A la gare

de cette ville stationnaient des voitures réunies par la
cavalerie allemande : aussitôt chargées, elles prenaient la
route de Soissons. Comme la Champagne est très-pauvre
en chevaux, ce ne fut qu'en exerçant une pression énergique sur les détenteurs de voitures et en soumettant à
des réquisitions un territoire de plus de 100 milles carrés
que les Allemands purent recueillir les 800 chariots qui
leur semblaient nécessaires. Commencées le 29 septembre
devant Toul, les opérations relatives au transport du matériel se terminèrent par l'arrivée du troisième et dernier
convoi à Soissons dans la nuit du 9 octobre; la distance
entre Reims et l'emplacement du parc, 8 milles (environ
60 kil.), avait été généralement franchie en deux jours.

Emplacement et construction des batteries. — L'attaque
de droite comprenait deux batteries de canons rayés et
une batterie de mortiers lisses, les deux premières[1] établies sur les hauteurs de Sainte-Geneviève, au S.-E. de la
place, la troisième[2] plus au S. dans la vallée de la Crise,
derrière la chaussée du chemin de fer de Reims.

L'attaque de gauche comptait 5 batteries[3] de canons
rayés, groupées l'une à côté de l'autre sur le mont Marion,
au S.-O. de Soissons.

Commencée le 11 octobre à 7 heures du soir, la construction des batteries fut terminée le 12 à 2 heures du
matin, en moins de 8 heures par conséquent. L'infanterie

---

[1] Batterie 1, armée de 6 canons de 9^c, destinée à enfiler le front 3-4, à démonter l'artillerie du flanc gauche du bastion 4, et à chasser les observateurs postés sur les tours de l'église : distance au cavalier du bastion 3, 2 230 mètres.

Batterie 2, armée de 4 canons de 15^c longs, tirant sur les mêmes parties de la place que la précédente : distance au cavalier du bastion 3, 2 230 mètres.

[2] Batterie 3, armée de 2 mortiers de 27^c et de 4 mortiers de 22^c, tirant sur les bastions 3 et 4, et sur les maisons de la ville : distance à l'enceinte, 1 200 mètres.

[3] Batterie 4, armée de 4 canons de 15^c longs, pour battre en brèche de plein fouet la courtine 3-4 : distance à l'enceinte, 1 650 mètres.

Batterie 5, armée de 6 canons de 12^c, destinée à démonter l'artillerie de la face droite du bastion 3, celle du cavalier, et à ruiner les casemates du bastion 2 et de l'ouvrage à cornes : distance au cavalier, 1 830 mètres ; à l'ouvrage à cornes, 1 310 mètres.

Batterie 7, armée de 4 canons de 12^c prenant d'enfilade l'ouvrage à cornes, la face gauche du bastion 4, et la casemate du flanc droit du bastion 3 : distance à l'ouvrage à cornes, 1 380 mètres ; au bastion 4, 1 520 mètres.

Batterie 8, armée de 6 canons de 8^c tirant sur le bastion de gauche de l'ouvrage à cornes, le bastion 4 de la place, et contre les observateurs postés sur les tours de l'église : distance à l'ouvrage à cornes, 1 390 mètres.

avait fourni pour l'attaque de droite 150 auxiliaires dirigés par 8 sous-officiers et 2 officiers, et pour l'attaque de gauche 250 auxiliaires conduits par 16 sous-officiers et 4 officiers.

Bien que la lune jetât un assez vif éclat, la place ne soupçonna point l'exécution des travaux et les assiégeants n'éprouvèrent pas la moindre perte.

Dans la batterie 3 on utilisa comme épaulement la chaussée du chemin de fer haute de 6 mètres; à la batterie 4, le parapet était constitué par d'anciens terrassements remontant à 1814. Les batteries 2 et 5 seules avaient des traverses et des retours.

Dispositions pour l'ouverture du feu : combat d'artillerie. — Les assiégeants, comme on l'a indiqué précédemment, se proposaient d'abord d'éteindre le feu de l'artillerie de la défense et de faire brèche à l'enceinte, puis, ce double résultat obtenu, de pousser avec vigueur le bombardement de la ville. En raison de l'éloignement de la batterie de brèche (1 650 mètres), on ne pouvait songer à couper l'escarpe méthodiquement, bien que le tir eût lieu à la charge normale; aussi se décida-t-on à recourir à une méthode employée précédemment à Strasbourg, qui consistait à tirer un certain nombre de fois sur un point déterminé de l'enceinte, de manière à produire un groupe de coups qu'on déplaçait latéralement lorsque l'entonnoir avait acquis des dimensions convenables. Devant cette place, les résultats avaient été satisfaisants; la dispersion des coups dans le sens vertical étant assez considérable, il ne s'était pas produit de brèche à proprement parler, mais le mur, démoli peu à peu, était tombé par fragments dans le fossé.

Les canons de siége furent approvisionnés, pour le premier jour, à 75 coups, 60 obus et 15 shrapnels; les canons de campagne et les mortiers, à 50 coups.

12 octobre. Les batteries ouvrirent le feu à 6 heures du matin, au signal donné par la batterie 4. Les Français répondirent presque immédiatement avec les pièces du front 3-4 et celles des fronts voisins qui avaient des vues sur les attaques. Leur tir se maintint fort vif pendant la première moitié de la journée. Il était dirigé surtout contre la batterie 4, qui se détachait plus que les autres sur le terrain, et pouvait d'ailleurs, comme batterie de brèche, paraître particulièrement dangereuse aux assiégés.

A partir de midi, le feu de la défense diminua rapidement, et il cessa presque complétement vers 4 heures du soir, sans que d'ailleurs l'artillerie de la place eût été démontée; elle se tenait au contraire prête à reprendre son tir à un moment plus favorable. En outre, les Français n'avaient engagé que 20 à 24 pièces, dont quelques-unes, placées sur les fronts collatéraux, étaient difficiles à atteindre et particulièrement incommodes pour les assiégeants, et il était à croire que les jours suivants ils en démasqueraient un plus grand nombre. L'éventualité d'une attaque régulière nécessitant l'établissement de tranchées et de lignes de batteries successives devenait donc de plus en plus probable. Aussi, à la suite d'une conférence tenue entre le duc de Mecklembourg, son chef d'état-major, et le colonel Bartsch, commandant l'artillerie, parut-il nécessaire de compléter les munitions et de faire venir une nouvelle compagnie d'artillerie de forteresse.

13 *octobre.* Les instructions données la veille au soir prescrivaient de contre-battre toutes les bouches à feu servies par les assiégés, particulièrement celles du front d'attaque, d'employer, en outre, dans chaque batterie, un certain nombre de pièces au bombardement de la ville, enfin de pousser avec vigueur la confection de la brèche.

Le feu fut repris à 6 heures du matin; les Français, qui avaient, pendant la nuit, déployé une grande activité pour remettre leurs parapets en état, répondirent d'abord avec vivacité, mais leur tir diminua sensiblement d'intensité vers 10 heures, et à partir de midi ils se bornèrent à lancer quelques bombes sur les batteries des assiégeants.

La lutte, un instant suspendue à 2 heures, par suite de l'envoi d'un parlementaire chargé de sommer le gouverneur de rendre la place, recommença après cet essai de négociation, mais assez faiblement, le front d'attaque restant silencieux.

L'exécution de la brèche marcha rapidement pendant cette journée, et les incendies allumés dans divers quartiers de la ville ne purent être éteints de toute la nuit.

Le duc de Mecklembourg n'ignorait pas, en adressant une sommation à la place après un seul jour de bombardement, que ses propositions seraient rejetées; il jugea néanmoins utile de tenter cette démarche, estimant que le gouverneur se prêterait peut-être plus aisément dans la suite à de nouvelles négociations, s'il éprouvait la satisfaction de repousser une première fois les ouvertures de l'ennemi. Le commandant français répondit en effet au parlementaire qu'il ne pourrait être question de capitulation aussi longtemps qu'il n'aurait pas été fait de brèche praticable au corps de la place, et que d'ailleurs ce serait un déshonneur pour lui de se rendre avec les moyens de défense dont il disposait : 6 affûts seulement avaient été démontés et allaient être remis en état pour le lendemain. Il se plaignit ensuite, avec une certaine vivacité, que l'attaque, au lieu d'être dirigée méthodiquement, fût conduite sans art et de vive force, et que les projectiles partis des batteries de siége atteignissent fréquemment les hôpitaux. On dut lui faire observer que les Allemands n'avaient nul intérêt à consacrer, comme le voulait l'ancienne école, 28 jours à l'établissement de tranchées devant les murs de Soissons, et que si les bâtiments hospitaliers, fort rapprochés du front d'attaque, se trouvaient actuellement en prise aux coups trop longs, c'est qu'ils n'avaient pas été évacués à temps, aussitôt que les batteries eurent été démasquées; mais que cette circonstance ne faisait pas aux assiégeants une obligation de modifier

leurs opérations d'une manière exclusivement favorable
à la défense.

La réponse donnée au parlementaire montrait qu'il était
indispensable, pour hâter la reddition de la place, de démonter entièrement l'artillerie de l'enceinte et d'achever la
brèche. Les Français ayant complétement abandonné les
dehors de la place, les Allemands résolurent de pousser
leurs avant-postes près des glacis, de transformer en une
parallèle les tranchées-abris établies à droite et à gauche
de la route de Paris, et de descendre un certain nombre
de batteries dans la vallée de la Crise, en commençant par
les batteries 1, 2 et 8, pour détruire par un tir de précision
les pièces que l'on voyait inactives, il est vrai, en arrière
de leurs embrasures, mais prêtes cependant à reprendre
le feu au premier moment. Les travailleurs et les outils
faisant défaut, l'exécution de ces mesures fut ajournée
de 48 heures au moins, et l'on décida que le feu serait
réglé le lendemain comme il l'avait été la veille. En conséquence, les pièces reçurent, à la tombée de la nuit, 60
obus et 15 shrapnels par pièce.

14 *octobre*. Le feu recommença à 6 heures du matin : les
assiégés avaient fait pendant la nuit de grands efforts pour
mettre en batterie un nombre de pièces supérieur à celui
de l'ennemi, utilisant dans cette vue les canons lisses et
les obusiers dont ils disposaient. Dans la matinée, les bastions tirèrent plus vivement que les jours précédents,
particulièrement ceux des fronts S.-E., insuffisamment contre-battus par les batteries 1 et 2 ; mais leur feu diminua
sensiblement à partir de midi pour cesser à peu près complétement vers le soir. Des incendies furent allumés en
divers quartiers de la ville et la brèche avança considérablement ; vers le soir, elle avait toute la largeur nécessaire
et le mur était en partie renversé dans le fossé. Mais ces
résultats n'étant pas encore suffisants, on résolut de rapprocher de la place certaines batteries, conformément aux
dispositions arrêtées la veille. En conséquence, les batte-

ries 1 et 8 furent désarmées à la chute du jour et leur matériel mis en réserve pour deux nouvelles batteries, 9 et 10, qui devaient être construites dans la nuit du 15 au 16, à 750 mètres de l'enceinte.

Les munitions s'épuisant, il fut décidé que les pièces de la batterie de brèche seraient approvisionnées à 60 obus et 5 shrapnels, les autres canons à 40 obus et 5 shrapnels et chaque mortier à 40 coups ; le tir devait d'ailleurs être conduit de la manière ordinaire, la confection de la brèche étant toujours vivement poussée, et toutes les pièces devant bombarder la ville aussitôt que l'artillerie de la défense aurait été réduite au silence.

15 *octobre*. Le temps étant couvert et pluvieux, le feu ne fut repris qu'à 7 heures. Les défenseurs avaient de nouveau fait pendant la nuit de grands efforts pour acquérir la supériorité en artillerie, ce qui leur était d'autant plus facile que les 12 pièces des batteries 1 et 2 restaient inactives ce jour-là. Leur tir devint très-vif entre 2 et 4 heures du soir ; il était surtout dirigé contre la batterie de brèche, qui dut se taire à diverses reprises. Les pièces mises en batterie sur le cavalier des Capucins, en arrière de l'extrémité gauche de la courtine 5-6, se montrèrent particulièrement gênantes, l'attaque n'ayant aucune vue sur elles. La lutte ne prit fin qu'à 6 heures du soir, après que les batteries eurent lancé sur la place un grand nombre de shrapnels. Dans la nuit du 14, les assiégés avaient cherché à rendre la brèche impraticable en en garnissant le sommet d'abatis, mais ceux-ci furent promptement détruits par les coups de la batterie 4 qui achevèrent, en outre, de renverser l'escarpe en entraînant dans le fossé les débris de la maçonnerie et les terres du parapet.

L'issue de ce combat d'artillerie avait donc été favorable aux Allemands, qui avaient maintenu leur supériorité ; néanmoins l'opiniâtreté de la lutte leur donnait à penser que la résistance des défenseurs n'était pas près d'être vaincue ; c'est ce que montre l'ordre du jour suivant publié par le colonel Bartsch, commandant les troupes d'artillerie :

« L'ennemi, bien que son artillerie soit moins nombreuse
« que la nôtre, n'en continue pas moins à faire feu avec
« toutes ses pièces, dont il augmente constamment le
« nombre. Il est donc à croire que le tir des batteries de
« siége n'est point dirigé avec le soin nécessaire, ou qu'il
« n'est pas rectifié convenablement. La nuit dernière, il
« n'a pas empêché les assiégés de rendre la brèche impra-
« ticable en la couvrant d'abatis.... »

Afin d'assurer aux batteries 9 et 10 une protection suffisante et de contre-battre plus efficacement l'artillerie de la place, on décida que la batterie n° 2 serait également descendue dans la vallée de la Crise, en un point distant de l'enceinte de 1 350 mètres; la construction du nouvel épaulement devait avoir lieu dans la nuit du 17 au 18. Le duc de Mecklembourg, pour appuyer la nouvelle sommation qu'il se proposait d'adresser au gouverneur, prescrivit en outre que la première parallèle serait terminée dans la nuit du 15; mais les préparatifs n'ayant pu être achevés à temps, l'exécution de ce travail fut différée de 24 heures.

Capitulation. — Le 15 au soir, les batteries avaient commencé depuis quelques heures le tir de nuit quand un parlementaire se présenta au nom du gouverneur pour traiter de la capitulation. Informé de cette circonstance, le duc de Mecklembourg fit aussitôt cesser le feu, mais on n'en poursuivit pas moins la construction des batteries 9 et 10. Elles étaient terminées, la dernière même armée, quand les travailleurs apprirent, à 1 heure du matin, la reddition de la place. Le gouverneur n'avait pas cru devoir continuer la lutte pour les raisons suivantes: l'artillerie de l'enceinte, en réalité fortement éprouvée, semblait hors d'état de répondre plus longtemps aux batteries de l'assiégeant, et la place se trouvait dès lors menacée d'un assaut très-prochain que les troupes de la garnison, manquant de solidité, ne pouvaient espérer repousser.

Munitions consommées par les assiégeants. — Le tableau suivant fait connaître le chiffre des munitions consommées par les batteries de siége:

NUMÉROS des batteries.	DATES (Octobre).											
	12			13			14			15		
	Obus.	Shrapnels.	Bombes.	Obus.	Shrapnels.	Bombes.	Obus.	Shrapnels.	Bombes.	Obus.	Shrapnels.	Bombes.
1	183	»	»	200	»	»	202	»	»	»	»	»
2	240	24	»	210	28	»	238	26	»	148	4	»
3	»	»	210(¹) 90(²)	»	»	294(²)	»	»	182(²)	»	»	154(²)
4	360	40	»	396	40	»	360	10	»	286	»	»
5	360	56	»	348	65	»	354	54	»	239	25	»
6	324	40	»	350	54	»	274	60	»	232	26	»
7	210	24	»	215	39	»	155	42	»	150	12	»
8	187	»	»	244	»	»	214	»	»	»	»	»
Totaux . .	1864	184	300	1993	225	294	1827	192	182	1055	67	154

En tout { 6 712 obus,
755 shrapnels,
843 bombes } 8 310 projectiles.

Pertes en hommes et en matériel. — Les Allemands avaient eu dans leurs batteries 3 hommes tués et 27 blessés. 2 affûts et 6 roues avaient été mis hors de service.

État de la ville après la capitulation. — La ville avait beaucoup souffert, particulièrement dans les quartiers S.; l'hôpital général, une partie de l'arsenal et plusieurs maisons avaient été brûlés. Le tir des shrapnels avait empêché les habitants d'éteindre les incendies, qui, presque tous, avaient été allumés par des bombes. Les remparts, du bastion 1 au bastion 5, présentaient les traces de nombreux projectiles; le front 3-4 surtout avait été grandement endommagé. Le terre-plein du bastion 4 avait été

____

(¹) Bombes de 27ᶜ.
(²) Bombes de 22ᶜ.

tellement labouré qu'on n'y voyait plus ni rampes ni banquettes; le transport des munitions et le remplacement des bouches à feu ne pouvaient se faire qu'avec les plus grandes difficultés, les pièces de ce bastion étaient presque toutes hors de service; de profonds entonnoirs, creusés par les bombes, rendaient impraticable la rue des remparts en arrière de la courtine. La brèche avait 34 mètres de large à la partie supérieure, elle était réellement praticable et put être assez facilement gravie par un peloton de soldats munis de leurs armes.

SIÉGE DE LONGWY

[D'aprés l'ouvrage : *Die Belagerung von Longwy im Jahre* 1870, von Wolf, Oberst Lieutenant à la suite des Fuss-Artillerie-Regiments Nr. 15 und Director der Artillerie-Werkstatt Deutz. Berlin, Vossische Buchhandlung, 1875.]

Situation et rôle de la place de Longwy. — Longwy est situé sur la rive droite de la Chiers, à 3 kilomètres de la frontière ; on y distingue la ville basse et la ville haute ; la première est complétement ouverte, la seconde a été fortifiée par Vauban et occupe un plateau qui s'élève de 130 mètres au-dessus du fond de la vallée. L'enceinte affecte la forme d'un hexagone sensiblement régulier ; le front 2-3 est couvert par un ouvrage à cornes dont la branche droite est parallèle à la rivière ; l'escarpe, partout très-élevée, est précédée d'un fossé sec de 25 mètres de largeur et sa hauteur varie entre 9 et 25 mètres. La place possède deux magasins à poudre recouverts de terre dans les bastions 3 et 5 ; trois galeries casematées dans les bastions 1, 2 et 5 ('), et enfin, en arrière de la courtine 1-2, une caserne à l'épreuve, dont l'étage supérieur est vu de la campagne.

A l'O. le terrain s'abaisse en pente douce, formant ainsi un glacis naturel, puis il se relève et atteint de nouveau, près du village de Romain, le niveau de la fortification ; au N. et au S.-O., deux dépressions du sol masquées par des bois épais, la vallée de la Basivire et le ravin de Pulventeux, forment d'excellents couverts à la faveur desquels l'ennemi peut, sans être vu, s'approcher à moins de 900 mètres de la place. A l'E. le plateau de Mexy et le mont du Chat, séparés l'un de l'autre par

---

(') La casemate du bastion 1 sert d'hôpital en temps de siége, et celle du bastion 5 de salle d'artifices.

le vallon étroit et profond dans lequel coule la Moulaine,
offrent des positions excellentes pour une attaque éloignée, seule démonstration qui puisse d'ailleurs être tentée
contre cette partie de la ville, car la raideur des pentes
comprises entre l'enceinte et la Chiers rendrait fort difficile l'exécution de travaux rapprochés.

Bien que Longwy commande, outre plusieurs routes
importantes (¹), l'embranchement qui relie la ligne d'Ar-
lon au chemin de fer des Ardennes, la possession de cette
place, isolée du véritable théâtre de la guerre et adossée
aux territoires neutres de la Belgique et du Luxembourg,
n'aurait été, pendant la plus grande partie de la campagne, d'aucune utilité pour les Allemands. Aussi se bor-
nèrent-ils à la faire observer, après la prise de Thionville,
par un détachement composé de trois bataillons, deux
escadrons et une batterie. Ces troupes furent fréquemment inquiétées par la garnison, qui les surprit même
entièrement dans la nuit du 27 décembre et leur tua ou
prit un certain nombre d'hommes. Mais lorsque la ligne
des Ardennes eut été remise en exploitation, l'état-major
prussien sentit la nécessité de protéger cette nouvelle
ligne de communication contre les entreprises d'un ennemi aussi actif, et le siége de Longwy fut résolu.

**Premières opérations du siége: détermination du point
d'attaque.** — Le colonel Krenski, chargé de diriger l'opération, eut sous ses ordres 10 ¹/₂ bataillons, 2 escadrons,
2 batteries de 8ᶜ, 7 ¹/₂ compagnies d'artillerie de place
et 4 ¹/₂ compagnies de pionniers. Le 10 janvier, accompagné des commandants supérieurs de l'artillerie et du
génie, il fit la reconnaissance des environs de la place.
A la faveur du brouillard, il put examiner à loisir la
disposition des fronts du S., mais il ne réussit pas à
s'approcher des fronts de l'E.; les Français, qui en tenaient encore les abords, aperçurent son escorte et l'obli-

---

(¹) Routes de Paris à Luxembourg par Verdun, de Metz et Thionville à Montmédy
et à Mézières.

gèrent à se retirer. Les observations recueillies dans cette
opération, jointes aux renseignements trouvés dans les
archives de la direction de Metz, suffirent néanmoins à la
détermination du point d'attaque dont le choix, d'ailleurs,
ne pouvait être douteux. En effet, l'assiégeant, en ouvrant
la tranchée au N. ou à l'E., aurait eu à vaincre des obstacles sérieux résultant, dans le premier cas, du voisinage
de territoires neutres, et, dans le second, de la trop forte
déclivité du terrain. Aussi se décida-t-il promptement à
attaquer la place par le front 5-6, au S.-O. Il était résolu
d'ailleurs, si le bombardement ne produisait pas un effet
décisif, à se frayer un chemin jusque dans l'intérieur de
la ville par une attaque pied à pied dirigée contre le bastion 6; celui-ci, faiblement appuyé par des ouvrages collatéraux, est susceptible d'être battu par des feux croisés
des deux rives de la Chiers. Les batteries de première
période devaient être placées six à l'O. de l'enceinte, et
trois à l'E. ou au S.-E.

Investissement. — Ne pouvant pas, faute de moyens
suffisants, procéder immédiatement à l'exécution du plan
qui vient d'être indiqué, le commandant supérieur du
corps de siége fit tous ses efforts pour achever du moins
le plus rapidement possible l'investissement de la place.
Cette opération présentait des difficultés particulières, en
raison du voisinage de la frontière et de la disposition
défavorable du terrain sur la rive gauche de la Chiers.
On la poursuivit au fur et à mesure de l'arrivée des
troupes, et non sans avoir à lutter contre les défenseurs
qui, les 13 et 14 janvier, attaquèrent vigoureusement la
ligne des avant-postes allemands.

La ville fut complétement cernée le 16, les forces de
l'assiégeant se trouvant à cette date réparties de la manière suivante:

Secteur de gauche, entre la rive droite de la Chiers et la
route de Luxembourg, 4 $^{1}/_{2}$ bataillons, 1 escadron et 1 batterie;

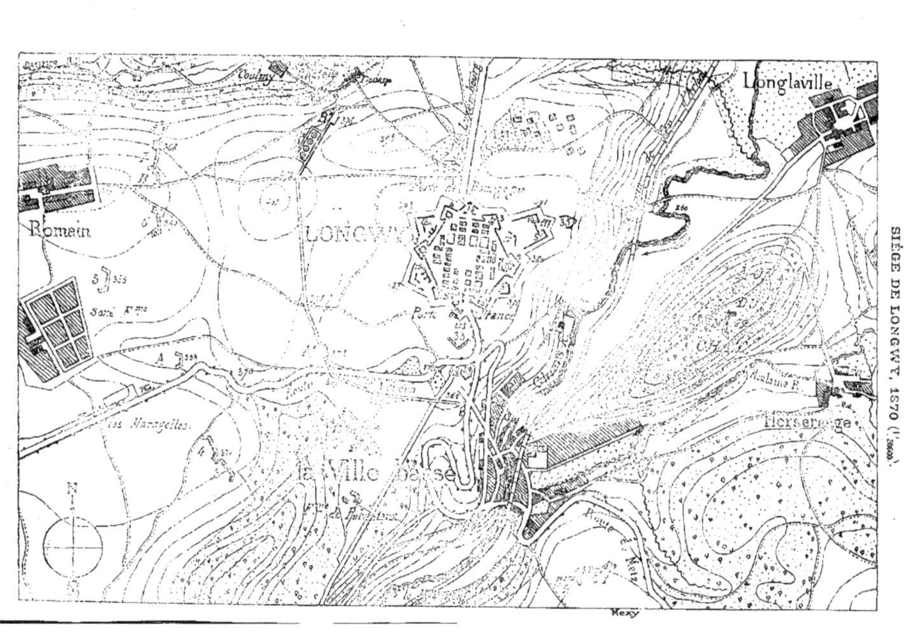

SIÈGE DE LONGWY, 1870 (1:36000)
Longlaville
Romain
LONGWY
la Ville Basse
Herserange
Mexy

Secteur du centre, depuis la Chiers jusqu'à la route de Thionville, 4 bataillons, 1 escadron et 1 batterie ;

Secteur de droite, comprenant le terrain situé entre les routes de Thionville et de Luxembourg, 2 bataillons.

Formation du parc de siége. — Les préparatifs entrepris à Metz, dès le 15 janvier, en vue de la formation du parc de siége, marchèrent rapidement. Les bouches à feu d'origine prussienne dont il devait se composer, 34 canons de 12ᶜ et 17 de 15ᶜ, se trouvaient encore, à cette date, devant les places de Thionville et de Montmédy qu'elles avaient servi à bombarder ; on fit venir d'Allemagne les rechanges nécessaires à la mise en état de ces pièces dont plusieurs étaient déjà fatiguées, et l'on demanda en même temps à Coblentz 6 000 obus de 15ᶜ et 6 000 obus de 12ᶜ, en sorte que l'approvisionnement fut ainsi réglé :

Canons de 12ᶜ (¹)	512 obus . . . . par pièce.	
	55 shrapnels . . . . id.	
Canons de 15ᶜ (²)	447 obus. . . . . . id.	

Le parc comprenait, en outre, 4 mortiers de 27ᶜ, 14 mortiers de 22ᶜ et 12 mortiers de 15ᶜ, des modèles français, provenant des arsenaux de Metz et de Thionville et approvisionnés respectivement à 200, 143 et 200 coups par pièce, plus 6 canons à balles destinés à être employés contre les sorties. Les voitures, les engins de toute espèce, les bois de plates-formes, les outils de pionniers furent également tirés de Metz et de Thionville. Les blindages furent préparés sur place, ainsi qu'une partie des gabions, le reste ayant été expédié de Metz avec 16 000 sacs à terre.

Le grand parc devait être établi près de la gare de Cons-Lagranville, située à 6 000 mètres de l'enceinte, dans une dépression de terrain qui la cachait aux vues de la défense. La garde de cette localité ne pouvant être immédiatement assurée par les troupes trop peu nombreuses, et

---

(¹) En tout 17 422 obus et 1 866 shrapnels.
(²) 7 604 obus.

déjà fort occupées, on déposa provisoirement tout le matériel à Longuyon, où l'on construisit également une salle d'artifices et des magasins pour les munitions confectionnées. D'ailleurs la place faisait défaut à Cons-Lagranville, et les Allemands n'y eurent jamais qu'un simple dépôt qu'il leur était, au reste, très-facile de réapprovisionner chaque jour, à l'aide du chemin de fer de Longuyon dont l'exploitation put être reprise dès le 15 janvier. Les pionniers, qui avaient réparé la voie, établirent en même temps des communications télégraphiques entre Longuyon, Cons-Lagranville et Villers-la-Montagne; dans la dernière de ces localités se trouvait une annexe du grand parc, destinée à desservir les batteries de l'attaque de droite.

Du 16 au 18 janvier, on transféra à Cons-Lagranville tout le matériel qui devait servir à la construction et à l'armement des batteries. Il n'y eut plus, dès lors, à Longuyon, qu'un détachement composé de 60 hommes d'artillerie et de 20 auxiliaires d'infanterie, chargé de confectionner et d'expédier les munitions au fur et à mesure du besoin. Un second détachement, fort de 50 artilleurs et de 30 auxiliaires, fut attaché en permanence au grand parc, auquel les troupes les plus voisines durent, en outre, fournir chaque jour un certain nombre de travailleurs.

Les transports de toute nature que l'artillerie avait à effectuer auraient nécessité la présence continuelle au parc de Cons-Lagranville de 60 voitures traînées par 200 chevaux, et, à l'annexe de Villers-la-Montagne, de 40 voitures avec 150 chevaux. Ces divers chiffres ne purent jamais être atteints, les habitants ayant fait passer leurs chevaux en Belgique ou dans le Luxembourg, et les conducteurs réquisitionnés dans le pays s'échappant à chaque instant, malgré les mesures les plus sévères prises pour prévenir leur évasion.

Construction des batteries. — L'attaque de droite, comme on l'a vu précédemment, comprenait trois batte-

ries (¹) dont les deux premières devaient être établies sur
le plateau de Mexy et la troisième sur le mont du Chat.
On ajourna provisoirement la construction de cette dernière, en raison des difficultés considérables qu'auraient
entraînées l'éloignement de l'emplacement choisi et le
mauvais état des chemins par lesquels on y arrivait. On
résolut en même temps de presser celle des deux autres,
parce que la disposition des lieux était si favorable qu'on
pouvait espérer dérober tout le travail à l'attention des
assiégés, et que ces batteries, une fois terminées, pourraient attirer sur elles le feu de la place et le détourner
des troupes occupées à élever les batteries de l'attaque de
gauche.

Il restait d'ailleurs entendu que le feu serait ouvert à
la même heure sur les deux rives de la Chiers, si la garnison n'inquiétait pas les assiégeants avant l'achèvement
des travaux.

La position des batteries 1 et 2 fut définitivement arrê-
tée par le major Wolf, commandant supérieur de l'artillerie, à la suite d'une reconnaissance effectuée le 13 janvier. De l'extrémité N.-O. du plateau de Mexy, où elles
devaient être établies, on découvrait passablement le
bastion 5, le front 1-2 et l'ouvrage à cornes ; le front 3-4
seul était masqué par les maisons de la ville. Commencées, la batterie 1 dans la nuit du 16, et la batterie 2 dans
celle du 17, elles ne purent être respectivement terminées
que le 19 et le 20, malgré le concours prêté à l'artillerie
par 2 compagnies de pionniers et 100 auxiliaires d'infanterie, tant étaient grandes les difficultés résultant de la
nature rocheuse du sol, ainsi que de la rigueur du froid.
On avait pris soin cependant, afin de réduire le travail,
de placer la batterie 1 en arrière d'une levée de terre na-
turelle haute de 1ᵐ, 70 et large de 12 mètres ; de la sorte,
on pensait n'avoir à remblayer que le volume compris

(¹) Batteries 1, 2 et 12. — Pour l'emplacement des batteries et les objectifs qui
leur étaient assignés, voir le plan de la page 58 et le tableau de la page 70.

entre les gabions du revêtement et le talus antérieur de la chaussée ; mais l'excavation du terre-plein fut si pénible qu'on dut se résigner à exhausser tout l'épaulement pour assurer aux canonniers une protection suffisante. On renonça également à creuser des rigoles pour les gîtes des plates-formes destinées aux canons de 12ᶜ, et les madriers furent simplement assujettis, sur la terre gelée, à l'aide de longs clous de fer préparés pour cet usage.

Le 17 janvier, par un temps brumeux qui laissait à peine distinguer les lignes principales de la fortification, on procéda au tracé des six batteries (¹) de la rive droite ; destinées à battre directement les bastions 4, 5 et 6, déjà pris d'enfilade et de revers par les batteries de la rive gauche, elles purent généralement être placées de manière à atteindre facilement le but qui leur était assigné. Seules, les batteries 7 et 8 n'étaient pas exactement dans le prolongement des faces qu'elles avaient à ricocher ; mais, bien que la disposition du terrain limité par la vallée de la Basivire ne permît pas de leur donner une position plus convenable, il n'en résulta aucun inconvénient parce que les ouvrages opposés étaient ou faiblement armés ou contre-battus par les batteries de l'attaque de droite.

Il eût été certainement avantageux de rapprocher de l'enceinte toutes les batteries de la rive droite, mais cette mesure n'était pas praticable pour les batteries 3, 4 et 5, qui se seraient trouvées dans un bas-fond, et l'on n'osa pas dès lors isoler les trois autres et les laisser, sans appui, exposées aux coups de la place pendant toute la durée de leur construction qui, dans une position plus avancée, n'aurait pas échappé à l'attention de la garnison. En réalité, ce travail, commencé dans la nuit du 19, fut terminé le 21, sans avoir été découvert par les assiégés, grâce à la précaution que l'on eut de maintenir à une pente très-

---

(¹) Batteries 3, 4, 5, 6, 7 et 8. — On arrêta en même temps la position de 2 batteries de campagne (emplacements A et B) destinées à être armées de canons à balles.

douce les talus tournés vers la place et de recouvrir de
neige, le matin, les terrassements exécutés pendant la
nuit.

Dispositions relatives au remplacement des munitions.
— L'approvisionnement journalier fut fixé à 60 coups par
pièce pour les canons de 12ᶜ, à 50 pour ceux de 15ᶜ, à 40
pour les mortiers de 22ᶜ et à 30 pour ceux de 27ᶜ. Les
états de demande de munitions devaient être remis au
parc de Cons-Lagranville avant une heure de l'après-midi
et la distribution commencée à trois heures, les batteries les
plus éloignées étant servies les premières. Le parc était
astreint à fournir les voitures nécessaires au transport des
munitions, mais à la charge pour les batteries de renvoyer
ces voitures dans la nuit même. Les projectiles étaient
délivrés tout chargés ; les abris blindés pouvaient ainsi
tous être utilisés comme refuge, et il y avait, du reste, une
réelle économie de temps et de travail à n'avoir qu'un
seul atelier de chargement.

Les agrès et engins détériorés étaient échangés à
l'heure du réapprovisionnement, à l'exception toutefois
des accessoires indispensables au service des bouches à
feu, qui devaient être remplacés sur-le-champ.

Dispositions relatives à l'exécution du feu. — Il était
prescrit aux commandants de batterie de chercher, pendant le jour, à démonter l'artillerie de la place, et de diriger, pendant la nuit, leur tir contre les casernes, les
magasins, les édifies publics, etc. ; à cet effet, on avait
remis à chacun d'eux un plan sur lequel étaient indiqués
tous les objets qu'il pouvait battre utilement. La vitesse
du tir, réglée pendant le jour d'après l'approvisionnement fixé pour chaque calibre, à moins de circonstances
exigeant momentanément un feu plus nourri, était réduite
pendant la nuit à un coup par quart d'heure. Enfin les batteries devaient, à toute heure, être prêtes à exécuter le tir
de nuit en prévision du cas où, surprises par le brouillard,
elles auraient à en faire usage.

Bombardement de la place par les batteries de campagne. — Avant même que les batteries de siége pussent ouvrir le feu, afin d'inquiéter la garnison, le commandant supérieur des troupes allemandes fit canonner la place à diverses reprises, notamment le 17 et le 18 janvier, par des pièces de campagne placées sur le plateau de Mexy ou hissées à force de bras sur le mont du Chat. Ces bouches à feu, qui prenaient position à l'abri des vues de la défense tantôt sur un point, tantôt sur un autre, jetaient 10 à 20 obus dans la ville et disparaissaient aussitôt après, sans avoir rien à craindre du feu des assiégés qui leur répondaient généralement trop tard. Afin d'impressionner plus vivement encore les défenseurs, le colonel Krenski prescrivit également de faire tirer les batteries du plateau de Mexy aussitôt qu'elles seraient terminées.

Ouverture du feu et bombardement par les batteries de siége. — La batterie 1 ouvrit le feu le 19 janvier dès le matin(¹). Les défenseurs un instant surpris ne tardèrent pas à répondre avec un canon de 24 placé au saillant du bastion 1 et quelques mortiers installés sur la face gauche du même ouvrage. Le canon de 24 fut rapidement réduit au silence, mais les mortiers restèrent plus longtemps en action, le tir à shrapnels à l'aide duquel on avait essayé d'abord de les contre-battre n'ayant produit aucun effet par suite du mauvais état des fusées qui avaient souffert de l'humidité. D'autres pièces furent ensuite démasquées sur la face gauche du bastion 1, la face droite du bastion 2 et la face droite de l'ouvrage à cornes, mais le feu en fut promptement éteint et les Allemands purent alors librement tourner leurs coups contre la porte de France, les édifices de la ville et la gorge du bastion 5, très-imparfaitement défilée, puisqu'on la distinguait aisément de la batterie 1 située à un niveau notablement inférieur (²).

(¹) Il n'entrait pas dans les intentions du commandant de l'artillerie de démasquer ainsi les batteries de siége isolément. Cette mesure, qui aurait constitué une faute réelle si la batterie 1 avait appartenu à l'attaque principale, eut l'avantage de faire prendre le change aux défenseurs sur la situation véritable du point d'attaque.

(²) De 30 à 40 mètres.

En résumé, les résultats de cette première journée n'avaient pas été défavorables aux assiégeants, qui mirent la nuit à profit pour compléter l'armement de la batterie (¹) et réparer les dégâts qu'elle avait subis.

20 janvier. Il régna pendant cette journée un brouillard tellement épais que l'on dut recourir, pour l'exécution du tir, au pointage de nuit. Le feu ne devant pas être très-nourri, les assiégeants se bornèrent à servir une seule pièce dans la batterie 1 et employèrent à la construction d'un second magasin à poudre les servants ainsi rendus disponibles. La place, de son côté, ne lança que quelques bombes pendant une éclaircie qui se produisit dans l'après-midi.

21 janvier. 4 des batteries (²) des attaques de gauche ouvrirent le feu pour la première fois, à 7 heures 3/4 du matin, mais elles ne tardèrent pas à le suspendre, une brume épaisse leur ayant brusquement caché la ville tout entière. Aux attaques de droite, le brouillard s'étant montré avec le jour, la batterie 1 ne put exécuter qu'un tir de nuit, auquel la place répondit par quelques salves bien dirigées.

Vers midi, pendant que les pentes de Mexy restaient enveloppées de vapeurs, le soleil dissipa la brume sur le plateau plus élevé de Longwy, et les assiégés en profitèrent pour diriger un feu très-vif contre la batterie 1, la seule dont ils avaient eu à souffrir jusqu'à ce moment. Elle eut bientôt 3 pièces démontées, 2 hommes tués et 3 autres blessés ; au prix d'efforts énergiques et aidée enfin par la batterie 2 qui, n'ayant tiré que 3 coups d'essai le jour précédent, avait eu beaucoup de peine à rectifier son propre tir, elle put néanmoins à l'approche de la nuit prendre le dessus sur l'artillerie qui lui était opposée.

Le feu recommença sur la rive droite à 11 heures du matin, lorsque le temps se fut suffisamment éclairci. Fai-

____

(¹) La sixième pièce n'avait pu encore être mise en position.
(²) Batteries 3, 4, 5 et 6.

blement contre-battues par les bastions 5 et 6, les batteries 3, 4 et 5 ne subirent aucune perte ; la batterie 6, encore isolée, puisque les batteries voisines 7 et 8 n'étaient pas terminées, eut au contraire à soutenir une lutte fort pénible contre les pièces qui armaient la face gauche du bastion 4 et la face droite du bastion 5 : elle ne cessa pas néanmoins de tirer vigoureusement.

A 5 heures, le feu s'éteignit sur tout le périmètre de l'enceinte, et les batteries de l'assiégeant ralentirent elles-mêmes leur tir, conformément aux prescriptions indiquées précédemment. Les bouches à feu démontées furent remplacées pendant la nuit et l'on remit en même temps les épaulements en état ([1]).

22 janvier. Le feu fut repris à 7 heures 3/4 du matin, avec le concours des batteries 7 et 8 armées dans la nuit. La place répondit mollement à l'attaque principale, mais très-vivement à l'attaque de droite : des batteries de Mexy on distinguait nettement 14 bouches à feu dont 1 obusier de 16^c lisse qui, placé dans le terre-plein du bastion 2, tirait par-dessus le parapet de l'enceinte. Mais les assiégeants ayant complétement rectifié leur tir, les défenseurs ne montrèrent pas la même ténacité et surtout n'obtinrent pas le même succès que la veille. A midi, une neige épaisse obligea les deux partis à suspendre le feu : ils le recommencèrent à 4 heures, lorsque le temps se fut suffisamment éclairci. Les canons de la place furent bientôt obligés à se taire de nouveau, mais les mortiers tirèrent jusqu'à la nuit ; on n'aurait pu les contre-battre efficacement qu'à l'aide d'un tir à shrapnels, et il était impossible d'employer ce genre de projectiles dont les fusées n'étaient pas en bon état.

Le même jour, on entreprit dans la parallèle ouverte

([1]) A la faveur de l'épais brouillard qui avait duré pendant toute l'après-midi du 20 janvier, les pionniers avaient ouvert, à 7 ou 800 mètres de la place, une tranchée-abri qu'ils élargirent dans les deux nuits suivantes de manière à la transformer en parallèle ; elle partait du bois de Chatelle et se prolongeait sur une longueur de 600 mètres du côté de la ville basse.

par le génie la construction d'une batterie de mortiers ([1]) destinée à agir contre le bastion 5 et son cavalier ; elle était située sur le prolongement de la face gauche de cet ouvrage, à 600 mètres du saillant. Pendant la nuit, les pionniers prolongèrent la parallèle jusqu'à la route de Verdun ; les batteries placées en arrière ayant reçu l'ordre de cesser le feu jusqu'à minuit, les défenseurs en profitèrent pour exécuter une sortie à la suite de laquelle le travail se trouva un moment interrompu. On répara en même temps les batteries dont on approfondit les terrepleins afin de mieux couvrir les servants ; le dégel étant survenu, on dut aussi disposer des gîtes sous les madriers des plates-formes des canons de 12ᶜ qui jusque-là avaient simplement reposé sur la terre durcie par le froid.

23 janvier. La place, comme la veille, répondit faiblement au feu des pièces de l'attaque de gauche, mais elle dirigea contre les batteries 1 et 2 un tir assez vif qu'elle ne put d'ailleurs soutenir bien longtemps parce que les assiégeants, qui avaient reçu un nouvel envoi de fusées, purent enfin contre-battre efficacement les mortiers des fronts 1 et 2. Le soir, un violent incendie éclata dans la ville ; activé par les projectiles que lançaient les Allemands, il ne fut éteint qu'à la pointe du jour.

Dans le courant de la journée, l'artillerie commença 3 batteries nouvelles, dont 2 de mortiers ([2]) situées à 450 mètres au N.-O. de la ferme de Pulventeux, et une de canons ([3]), placée sur le mont du Chat. Les deux premières, destinées à agir contre les bastions 5, 6 et la lunette 33, furent placées dans une carrière : leur construction ne donna lieu à aucune difficulté en raison de la disposition du terrain qui ne nécessita que quelques travaux d'appropriation. Il n'en fut pas de même pour la batterie 12 ([4]) ;

([1]) Batterie 9, armée de 4 mortiers de 22ᶜ.

([2]) Batterie 10, armée de 4 mortiers de 22ᶜ, et batterie 11, armée de 4 mortiers de 27ᶜ.

([3]) Batterie 12, armée de 4 canons de 12ᶜ.

([4]) Cette batterie, malgré son utilité, n'avait pu être entreprise plus tôt, parce que le défenseur avait encombré d'abatis les chemins conduisant au mont du Chat.

à l'emplacement qui lui était assigné, le sol, rempli de pierres et de souches d'arbres, était extrêmement difficile à creuser, et le feu de la place inquiétait fortement les travailleurs.

Dans la nuit, on prolongea la parallèle de 200 mètres au delà de la route de Verdun et on y transporta les deux batteries de mitrailleuses (¹).

24 janvier. La batterie 9, armée pendant la nuit, prit part au feu qui s'ouvrit à 8 heures du matin : la défense répondit d'abord par quelques salves de mortiers tirées, il est vrai, à d'assez longs intervalles, puis son feu diminua sensiblement d'intensité, la garnison ne pouvant plus tenir qu'avec peine sur les remparts balayés par les shrapnels de l'assiégeant.

Dans la matinée, on termina les batteries 10, 11 et 12; l'armement de la dernière présenta de très-grandes difficultés : 100 hommes au moins durent s'atteler aux pièces pour les hisser sur les pentes rapides du mont du Chat. Pendant l'après-midi, on détermina l'emplacement d'une batterie de mortiers de 15ᶜ en avant de la lunette 33, et l'on faisait les préparatifs nécessaires pour élargir et prolonger la parallèle dans la nuit, lorsqu'un parlementaire se présenta à la gauche des attaques pour traiter de la reddition de la place.

Capitulation. — La capitulation fut signée dans la nuit du 24 ; les Allemands prirent possession le lendemain de la ville et du matériel de guerre qu'elle renfermait (²).

Munitions consommées par les assiégeants. — Pendant la durée du siége, l'artillerie allemande, à laquelle

---

(¹) Dans les emplacements A' et B'.

(²) A leur entrée dans la place ils trouvèrent les bouches à feu suivantes :

CANONS RAYÉS.					CANONS LISSES.			OBUSIERS.		MORTIERS.		
24 s.	12 pl.	12 s.	12 c.	4 c.	16	Can.-ob.	8	22ᶜ	16ᶜ	27ᶜ	22ᶜ	15ᶜ
11	18	4	4	8	20	23	3	10	2	7	13	8

était due principalement la chute de la place, consomma
les munitions suivantes :

Obus de 12ᶜ.	3 841
Shrapnels de 12ᶜ.	213
Obus de 15ᶜ.	1 893
Bombes de 22ᶜ.	76
Obus de 8ᶜ.	380
Boîtes de cartouches pour canons à balles.	14

Pertes en hommes et en matériel. — Les assiégeants
eurent dans leurs batteries 3 hommes tués et 14 blessés ;
6 canons furent démontés par le feu de la défense.

État de la ville après la capitulation. — Les terre-
pleins des bastions 5 et 6, constamment labourés pendant
les derniers jours du siége par les projectiles tirés des
batteries de Mexy, étaient entièrement bouleversés : les
deux magasins à poudre avaient convenablement résisté,
mais la caserne voûtée de la Courtine 1-2 et l'hôpital casematé du bastion 1 étaient fortement endommagés ; ce
dernier surtout, dont la coupole avait servi de point de
mire aux batteries de la rive droite. Tous les bâtiments
militaires non à l'épreuve qui touchaient aux remparts,
l'hôtel du gouverneur, etc., étaient devenus inhabitables,
et si la ville elle-même avait moins souffert, un assez
grand nombre de maisons particulières n'en avaient pas
moins été détruites par l'incendie.

**Armement et objectifs des batteries construites pen-
dant le siége de Longwy.** — Le plan de la page 58 et le
tableau suivant font connaître les emplacements des diverses batteries construites pendant le siége de Longwy
ainsi que les objectifs qui leur furent assignés.

(Suit le tableau.)

| Nᵒˢ DES BATTERIES. | ARMEMENT. | | DISTANCE aux points à battre. | OBJECTIFS DES BATTERIES. |
	Nombre de pièces.	Calibre.		
1	3	12ᶜ	1 650—2 100	Contre-battre le front 1-2 et la branche droite de l'ouvrage à cornes. Ruiner la caserne à l'épreuve de la courtine 1-2 et démolir la porte de France. Battre de revers la face gauche du bastion 2, la gorge du bastion 4 et celle du bastion 5.
	3	15ᶜ		
2	3	12ᶜ	Id.	Id.
	3	15ᶜ		
3	4	15ᶜ	1 600—1 950	Contre-battre la face gauche du bastion 5 et la face gauche du cavalier; ricocher la face droite du bastion 5 et la face droite du cavalier. Tirer sur le clocher.
4	4	12ᶜ	1 550—1 575	Combattre le bastion 5, son cavalier et la demi-lune 4-5.
5	4	12ᶜ	1 850—2 100	Contre-battre la face droite du bastion 6, ricocher la face gauche et bombarder la ville.
6	4	12ᶜ	1 075	Contre-battre la face gauche et le cavalier du bastion 4.
7	4	12ᶜ	1 500—1 700	Contre-battre la face droite de la demi-lune 5-6 et la face droite du bastion 5. Soutenir la batterie 6.
8	4	15ᶜ	1 500—1 700	Contre-battre la face gauche du bastion 4 et la face droite du bastion 5.
9	4	mort. de 22ᶜ	850—1 050	Bombarder le bastion 5, son cavalier et la ville.
10	4	mort. de 22ᶜ	750—1 000	Bombarder les bastions 1, 5, 6 et la lunette 33. (*N'a pas tiré.*)
11	4	mort. de 27ᶜ	Id.	Id.
12	4	12ᶜ	1 200—1 800	Battre d'enfilade le front 1-6 et de revers les bastions 4 et 5. (*N'a pas tiré.*)

Total : 52 bouches à feu, dont
- 14 canons de 15ᶜ.
- 26 — de 12ᶜ.
- 12 mortiers.

En outre, 4 mitrailleuses installées derrière ou dans la parallèle.

SIÉGE DE TOUL.

[D'après l'ouvrage : *Die Unternehmungen der deutschen Armeen gegen Toul im Jahre 1870, von* VON WERDER, Oberst-Lieutenant und Kommandeur des hessischen Feld-Artillerie-Regiments Nr. 11. Berlin; Vossische Buchhandlung. 1876.]

Situation et importance de la place de Toul. — État de la fortification en 1870. — La place de Toul est située sur la rive gauche de la Moselle, dans une plaine étroite que traversent plusieurs autres cours d'eau de moindre importance. Elle est entourée d'une ceinture de hauteurs, éloignées de 800 à 1 600 mètres de l'enceinte, qui présentent, pour la plupart, des positions d'un accès facile, très-favorables à l'assiégeant. Pourtant le plus élevé de ces coteaux, le mont Saint-Michel, situé à 1 400 mètres au N. de la ville, dont il domine les ouvrages de 160 mètres environ, ne peut sans peine être abordé par l'extérieur. Il se raccorde, au contraire, avec la vallée de la Moselle, par un versant en pente douce couvert de nombreux pâtés de maisons : la Fayencerie, Bellevue, Notre-Dame, la Vacherie, dont l'occupation permet à la défense de surveiller efficacement les abords de la place.

La fortification se compose de 9 fronts bastionnés, de 5 demi-lunes, dont 3 servent à couvrir les portes de la ville et de 1 contre-garde destinée à renforcer le bastion 43. Le tracé est très-convenablement adapté au terrain : on n'a donné qu'une faible longueur aux flancs du corps de place afin de les soustraire au ricochet ; mais, en dépit de cette sage mesure et du grand nombre des traverses élevées ultérieurement, le défilement est défectueux et les défenseurs peuvent être atteints de revers et d'enfilade. L'escarpe, en bonne maçonnerie, a de 5 à 8 mètres de hauteur ; elle est vue de la campagne. Cette circonstance, ainsi que la faible épaisseur du parapet (6^m,50), est favorable à l'exécution des brèches. Les fossés, ordinairement

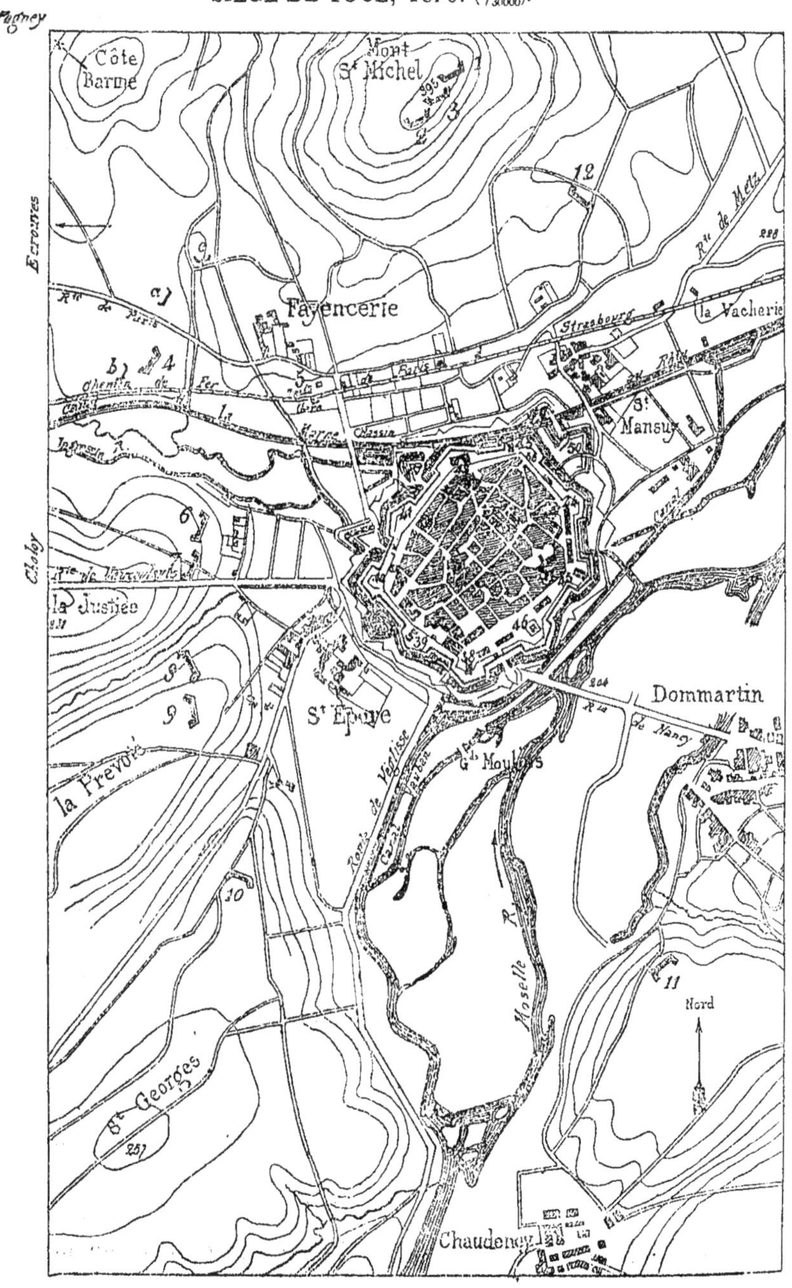

Pagney
Côte Barine
Mont St Michel
395
12
R^u de Metz
228
Ecrouves
R^te de Paris
a)
Fayencerie
Strasbourg
la Vacherie
b) 4
Chemin de Fer
St Mansuy
la
Marne Classin
6
Choloy
la Justice
46
Dommartin
9
St Epvre
204
R^te de Nancy
la Prevote
G^ds Moulins
Canal de l'Eglise
Moselle R.
10
11
Nord
St Georges
251
Chaudeney

secs, peuvent être aisément remplis d'eau sur une profondeur de 2 mètres au moins, à l'aide de manœuvres
très-bien combinées. On peut aussi inonder le terrain
extérieur en avant des fronts 44-45 et 38-46 (¹). La place
possède, outre des casemates assez étendues, situées sur
la courtine 41-42, deux casernes voûtées et une manu-
tention également à l'épreuve. Le bastion 43 contient un
magasin à poudre du temps de guerre, et, dans les diverses
parties de la fortification, se trouvent des abris blindés
en nombre suffisant pour recevoir l'approvisionnement
journalier des pièces de la défense.

Au début du siége, les remparts étaient en bon état, et
la ville renfermait des approvisionnements considérables,
mais l'armement (²) était insuffisant, et la garnison, qui
n'aurait pu qu'à grand'peine occuper toute l'enceinte, ne
contenait pas un seul artilleur; elle était, d'ailleurs, presque entièrement composée de gardes mobiles, qui n'étaient
pas même habillés.

Toul n'était donc pas susceptible de résister pendant
longtemps aux entreprises d'un ennemi disposant de quelque artillerie de siége, et n'avait presque aucune valeur
comme place forte. Mais cette forteresse n'en jouissait pas
moins d'une grande importance au point de vue stratégique, parce qu'elle barrait l'unique voie ferrée à l'aide de
laquelle les armées allemandes, alors en marche sur Paris,
pouvaient communiquer avec leurs places de dépôt. Aussi
l'état-major prussien qui, d'abord, avait eu l'idée de construire un chemin de fer contournant la ville, songea-
t-il de bonne heure à s'en emparer. Les troupes ne
tardèrent pas d'ailleurs à la trouver sur leur route : le
16 août, les 2ᵉ et 3ᵉ armées étaient dans le voisinage
immédiat de la place.

Attaque de vive force du 16 août. — Déjà, dans la mati-

(¹) Au moyen des eaux de la Moselle, de l'Ingressin et du canal de la Marne au
Rhin, qui sert de fossé au front nord de la place.

(²) Pour le détail de l'armement, voir le tableau plus loin.

née du 14, les Allemands avaient pu pénétrer jusque dans le faubourg Saint-Mansuy, sans recevoir un seul coup de feu; ils avaient appris, par les habitants de la campagne, que la garnison de la ville n'était composée que de mobiles: les doutes qu'ils conçurent au sujet de l'énergie de la défense, l'intérêt qu'ils attachaient à la possession de la place, les décidèrent à essayer un coup de main. L'avant-garde en fut chargée.

Après avoir vainement tenté d'obtenir la reddition de la place par une simple sommation, on commença l'attaque le 16 août vers midi. Deux batteries de 9ᵉ, avec escorte de cavalerie, prirent position l'une à l'E. de la route de Metz, sur une éminence, à 1 500 mètres du rempart; l'autre sur les pentes S. du mont Saint-Michel, à 1 200 mètres. La deuxième était renforcée par une section d'une batterie de 8ᵉ, dont les 4 autres pièces restaient en réserve. Le feu fut d'abord dirigé contre les remparts, puis contre la ville, parce que les arbres plantés sur les glacis et les terre-pleins empêchaient de découvrir les positions occupées par l'artillerie, et que les Allemands espéraient amener la capitulation de la place en agissant sur le moral des habitants.

Cependant, une batterie à cheval bavaroise ([1]), envoyée de Gondreville à la nouvelle de l'attaque, vint y prendre part en toute hâte. Afin d'attirer le plus tôt possible l'attention de la défense, deux de ses sections se mirent en batterie sur une éminence au S. de la route, à 2 700 mètres du rempart. La 3ᵉ poussa plus loin et reconnut une position favorable pour toute la batterie, à 900 mètres de la place. A son premier coup de canon, qui devait servir de signal, elle fut ralliée par les deux autres sections. Il y avait ainsi, du côté des Allemands, 20 pièces en batterie. Du côté des Français, 6 canons de place répondaient à l'attaque du N., et 2 seulement, avec quelques pièces

---

([1]) Appartenant à une brigade de uhlans en marche sur Toul, de campagne, à la batterie bavaroise. Après une canonnade d'une heure et demie, les Allemands lancèrent leurs colonnes d'attaque. Un feu assez meurtrier d'artillerie et de mousqueterie s'engagea de part et d'autre, mais sans résultat. A deux heures, les Allemands amenèrent un canon de 9^c pour essayer de s'ouvrir un passage en renversant la porte de Metz. Mais la fumée de la poudre gênait le pointage. Après le huitième coup, la pièce fut emmenée et on commença la retraite. L'artillerie cessa le feu à cinq heures. Quelques incendies avaient été allumés par les obus incendiaires de la batterie bavaroise ; mais ils furent bientôt éteints.

Les Allemands avaient perdu 14 officiers et une centaine d'hommes, tués, blessés ou disparus ; l'artillerie avait tiré 955 coups. Les troupes rentrèrent le soir dans leurs cantonnements ; on laissa seulement près de Toul un corps d'observation, qui devait être relevé le 19 par des troupes bavaroises.

Bombardement avec des canons de campagne (23 août). — Le 18 août, le 2e corps d'armée bavarois, en marche vers la Meuse, se trouvait au S. de Toul. Le chef de corps fit sommer la ville de laisser passer librement ses troupes, sous peine d'un bombardement. Sur le refus du commandant de place, il allait mettre sa menace à exécution, lorsqu'il reçut l'ordre de continuer sa marche sur Paris et de ne laisser qu'un faible détachement devant Toul.

Cependant, plus les Allemands avançaient vers l'O., plus ils sentaient la nécessité de s'ouvrir la voie ferrée de Strasbourg à Paris. Ils se décidèrent à tenter un bombardement avec des canons de campagne.

Un détachement du 6e corps prussien vint, le 22 août, se joindre au détachement bavarois qui observait la place. Le général de Gordon prit le commandement de toutes ces troupes [1] ; l'artillerie fut mise sous les ordres du

---

[1] Elles se composaient de :

Détachement bavarois.
- 1 brigade d'infanterie.
- 1 régiment de cavalerie.
- 1 batterie de 9^c.
- 1 batterie de 8^c.

colonel Arnold. Ces deux officiers reconnurent des positions favorables sur les hauteurs situées entre Dommartin et Chaudeney, les indiquèrent aux commandants des batteries prussiennes, et, à 9 heures du soir, on se mit à préparer les emplacements des pièces. L'infanterie fournit 300 auxiliaires, dont 100 s'égarèrent et ne purent être employés; des compagnies de soutien occupaient Dommartin.

Bien que le sol fût rempli de pierres et de racines, le travail était terminé le 23 dès l'aube, et les pièces en batterie. Les emplacements étaient enfoncés de $0^m,62$, et protégés par un épaulement épais de 5 mètres, long de 4 mètres. La distance aux remparts variait de 1 800 à 2 000 mètres. Un ravin coupait la position. Au N. étaient deux batteries de 9e; au S., une batterie de 8e et deux batteries à cheval.

Les Bavarois avaient placé leur artillerie sur le mont Saint - Michel. La position qu'ils avaient choisie était bonne, mais l'accès en était difficile et le sol très-pierreux; pourtant tout fut prêt le 23, dès le matin. Les emplacements des pièces étaient analogues à ceux des Prussiens. La distance variait de 1 200 à 1 500 mètres; une batterie de 9e était à droite, une batterie de 8e à gauche.

Les Français n'avaient pas cherché à contrarier le travail.

Des détachements d'infanterie et de cavalerie, échelonnés à Dommartin, Choloy, Écrouves et sur les deux côtés du mont Saint-Michel, étaient prêts, d'ailleurs, à protéger les batteries contre les entreprises de l'assiégé.

Après une nouvelle sommation, les Allemands commencèrent le feu à 9 heures avec 48 pièces, dont 30 de 9e. On devait tirer sur les établissements militaires et épargner

---

Détachement prussien.
1 régiment d'infanterie.
1 compagnie de pionniers.
2 batteries de 9e.
2 batteries de 8^e
2 batteries à cheval.
1 colonne de munitions d'artillerie.

les églises et les ambulances. Mais une forte pluie gênait le pointage et l'observation des coups; le feu ne produisit que quelques incendies bientôt éteints. A 11 heures, le général de Gordon donna l'ordre de diriger sur la ville un feu rapide (1 coup par 1 ou 2 minutes pour chaque pièce). Trois heures après, l'artillerie de la défense était réduite au silence, bien qu'elle eût jusqu'alors répondu très-vivement; de nombreux et violents incendies s'étaient déclarés. Les Allemands envoyèrent alors un parlementaire au commandant de place, qu'ils espéraient trouver plus disposé à une capitulation; la réponse fut encore négative, malgré l'avis du conseil municipal. Le feu reprit avec violence de 6 à 7 heures, mais sans résultat; ce fut la fin de l'entreprise. Les Allemands avaient tiré en tout 1 955 coups et avaient perdu 5 hommes tués ou blessés. Leurs troupes se mirent en mouvement le soir même pour continuer leur marche sur Paris. Il ne resta, sous les murs de Toul, qu'un faible détachement, qui fut relevé le 27 par des troupes de landwher prussiennes.

Bombardement avec des canons de place français (10 septembre). — Le 4 septembre, les Allemands firent connaître au commandant de place les événements de Sedan et la capitulation de l'armée française, et le sommèrent encore une fois de se rendre. Il répondit qu'il ne le ferait que sur un ordre écrit de l'empereur, et qu'il était prêt à supporter un nouveau bombardement. L'échec de toutes ces tentatives avait eu pour effet de convaincre l'état-major allemand de la nécessité d'agir avec une grande vigueur.

Depuis la fin du mois d'août, on organisait à Marsal un parc de siége avec le matériel français pris dans cette place; on le destinait aux attaques de Toul (¹).

(¹) Il comprenait les éléments indiqués dans le tableau suivant :

Bouches à feu.
{
10 canous rayés de 12 sur affûts de place.
4 obusiers de 22ᶜ sur leurs affûts.
6 mortiers de 22ᶜ sur affûts en fonte.
2 — de 27ᶜ — —
5 — de 15ᶜ — —
}

De grandes difficultés se présentèrent pour le transport. On manquait de triqueballes pour les mortiers lourds : on monta ces bouches à feu sur des affûts de 12 lisse et on attacha leurs affûts aux flasques ; on manquait de voitures convenables pour les châssis d'affûts de place : on se servit de caissons de 4 ; le petit châssis était brêlé sur le couvercle du coffre d'avant-train, et le grand châssis, appuyé d'une part sur l'arrière-train, était relié d'autre part à la cheville ouvrière de l'avant-train ; les deux parties du caisson conservaient ainsi leur indépendance ; on manquait de harnais : on en improvisa avec des cordages ; on manquait enfin de volées de devant : on en fit avec des leviers.

Dès le 1ᵉʳ septembre, le premier échelon était mis en route. Le 6, tout le parc était réuni à Pagney, sous les murs de Toul, malgré le mauvais état des chemins détrempés par la pluie.

Cependant les assiégeants avaient reconnu des positions pour les batteries de siége. A 500 mètres de la Fayencerie, ils avaient choisi, vers l'O., une éminence et, vers le S.-O., un pli de terrain favorable aux mortiers. (Distance à la place : 2 000 à 2 300 mètres.) Ils avaient exercé leurs troupes à l'emploi du matériel français, qu'ils connaissaient peu et dont ils n'avaient pas les tables de tir. La justesse des canons parut satisfaisante, mais les pièces à tir courbe et les fusées très-défectueuses. On avait installé, près du parc, des salles d'artifices et des magasins à poudre, et, près des positions de batterie, en avant d'Écrouves, des dépôts intermédiaires masqués

---

Voitures. . $\left\{\begin{array}{l}\end{array}\right.$ 1 forge de campagne.
2 porte-corps.
15 avant-trains de campagne.
4 affûts de rechange.

Munitions. $\left\{\begin{array}{l}\end{array}\right.$ 2 460 obus de 12.
80 boîtes à mitraille de 12.
120 bombes de 27ᶜ.
1 810 bombes ou obus de 22ᶜ.
30 boîtes à mitraille de 22ᶜ.
515 bombes de 15ᶜ.
236 quintaux de poudre.

Matériel de plates-formes.

par de nombreuses cabanes de vignerons. On s'occupait
enfin du matériel nécessaire à la construction des batteries; mais, à défaut de travailleurs, on se bornait à préparer les bois de plates-formes.

On arriva ainsi au 9 septembre. A la chute du jour, de
8 à 9 heures, à la faveur d'un temps pluvieux et sombre,
l'attaque commença 3 batteries :

La 1re pour 10 canons rayés de 12. (a)
2e — 4 obusiers de 22c. (b)
3e — 4 mortiers de 22c et 1 de 27c. (c)

Chacune d'elles devait être construite par ses propres
servants, avec un petit nombre d'auxiliaires du génie (15
ou 16 par pièce). Le travail devait être protégé par une
compagnie d'infanterie, à la Fayencerie, et deux autres
dans le pli de terrain entre le mont Saint-Michel et la
côte Barine. Il s'accomplit sans être troublé par les
défenseurs.

Pour la batterie de 12, on commença par tracer les directrices, de 7m,50 en 7m,50. On remplaça les saucissons,
qu'on n'avait pas, par des troncs d'arbres longs de 3m,75,
dont le milieu fut placé sur les directrices. Les plates-
formes furent creusées en arrière sur 3m,75 de large et
5 mètres de long, et la terre jetée en libre chute en avant.
Dans l'intervalle de deux pièces, on laissa un massif épais
de 3m,75 à 4m,40. Le sol, d'argile grasse, se prêtait à cette
construction improvisée, car la terre rassise et celle du
remblai tenaient également bien. Les plates-formes étaient
reliées par une tranchée contre l'épaulement; les servants
y trouvaient un abri et on y déposait les projectiles. Les
gargousses étaient renfermées dans des coffres d'avant-
train enterrés à 4m,70 en arrière.

La batterie d'obusiers fut construite de la même manière. Elle était près du chemin de fer, dont le remblai la
couvrait; on dut y employer la pioche pendant toute la
durée du travail, parce que le sol était plein de pierres et
de racines.

Quant aux mortiers, ils étaient couverts par une éminence située en avant. Les Allemands se contentèrent d'approfondir un peu et de dresser les plates-formes, sans élever d'épaulement. Pour abriter les servants, ils firent, plus tard, des coffrages avec des perches à houblon et des échalas et les remplirent de terre.

Partout l'armement fut très-difficile. Le sol était détrempé ; des voitures enfoncèrent jusqu'au moyeu : on fut obligé de les traîner sur des chantiers. Les batteries étaient cependant prêtes à tirer le lendemain matin, la première à 4 heures, la deuxième à 4 heures et demie, la troisième à 6 heures. Le dépôt des munitions était établi à la rencontre de deux chemins, dans le pli de terrain situé entre le mont Saint-Michel et la côte Barine ; on y préparait les charges et on réglait les fusées avant de les porter à la batterie, car le but était invariable et étendu.

Après une nouvelle sommation sans résultat, les 3 batteries allemandes (19 pièces) ouvrirent le feu à 7 heures ; elles tiraient partie contre les ouvrages, partie contre la ville. La défense riposta avec énergie. Mais le temps était pluvieux et sombre, il était difficile d'observer les coups ; le feu, qui dura jusqu'à 3 heures, ne produisit aucun effet sérieux des deux côtés. Les Allemands avaient eu 3 affûts brisés par de trop fortes charges. Ils avaient tiré 1 546 coups et n'avaient eu que 5 hommes blessés. Pendant la nuit, les pièces, chargées à mitraille, furent gardées par des détachements de servants.

On comptait reprendre le feu le lendemain ; mais on reçut l'ordre d'attendre la prochaine arrivée d'un parc de siége prussien.

Attaque accélérée. Bombardement avec un parc de siége prussien (23 septembre). — Les Allemands renonçaient enfin aux attaques de vive force et au bombardement et se décidaient à une attaque régulière que tout favorisait. Ils pensaient que la place se rendrait dès qu'on aurait canonné les ouvrages et commencé les travaux ; le com-

mandant et le conseil de défense verraient leur honneur
militaire sauvegardé et seraient plus disposés à une capitulation. Comme la place conservait une attitude simplement défensive, il suffirait d'un petit nombre de troupes.
Cette mission fut confiée à un détachement du 13e corps
d'armée.

En attendant l'arrivée du parc de siége, l'artillerie de
campagne devait protéger l'investissement, gêner les travaux de la défense et l'empêcher d'observer les opérations du siége du haut des tours de la cathédrale.

Dans la nuit du 13 au 14, les Allemands armèrent
sur le mont Saint-Michel une batterie de 6 canons de 9e.
L'opération fut difficile : la nature du sol était défavorable, les pentes très-raides; il fallut monter séparément
pièces et affûts. Le feu fut ouvert à 7 heures et demie et,
pour éviter une lutte avec l'artillerie de place, fut exclusivement dirigé sur les troupes, les travailleurs et le
poste d'observation de la cathédrale. L'effet produit parut
satisfaisant : les rassemblements s'étaient dispersés et les
observateurs avaient disparu; la défense répondait mollement. Le succès encouragea l'attaque à construire pendant la nuit suivante deux autres batteries de 6 canons de
9e, à côté de la première et à continuer le bombardement.

Cependant on s'occupait des préparatifs du siége régulier; les commandants de l'artillerie et du génie avaient
reconnu la place et choisi le point d'attaque : c'était le
front 40-41. La brèche, s'il en fallait une, devait être facilement pratiquée à la face droite du bastion 40. De la
Justice, à 700 ou 800 mètres, on découvrait obliquement
l'escarpe jusqu'à 1m,50 au-dessous du cordon ; les fossés
avaient de ce côté une faible profondeur d'eau; le terrain
en avant était couvert et favorable aux approches. Les
hauteurs de la Justice et de la Prévôté dominaient les
cavaliers du rempart; du mont Saint-Michel et des hauteurs de Saint-Georges, on enfilait le front 40-41. Nulle
part ailleurs l'attaque n'aurait eu autant d'avantages.

Le matériel de siége avait été préparé à Cologne et à Magdebourg et envoyé par chemin de fer. Il arriva le 17 et le 18, fut débarqué à la ferme de Saint-Robert et transporté à Choloy en passant au N. du mont Saint-Michel, puis par Bruley, Pagney, Écrouves. L'artillerie de campagne fournit les attelages nécessaires aux pièces ; le reste du matériel fut transporté par 600 voitures de réquisition que la 17ᵉ division et le gouvernement d'Alsace-Lorraine avaient fournies. Le parc fut établi à cheval sur la route de Vaucouleurs, dans un pli de terrain à l'O. de Choloy, à 3 400 mètres de la place et à l'abri de ses vues.

Pendant que s'effectuait cette importante opération, toutes les pièces de campagne bombardaient la ville pour détourner son attention, l'empêcher d'observer et peut-être l'amener à capituler. Les 3 batteries de 9ᶜ du mont Saint-Michel, 2 batteries de 8ᶜ et 2 batteries à cheval, dont les emplacements avait été préparés dès le 15 sur les hauteurs de Saint-Georges et de Dommartin, tirèrent jusqu'à 5 heures, à raison de 15 coups par pièce. La place ne se rendit pas, mais elle ne troubla pas l'établissement du parc, qui put être complétement terminé le 21.

On installa enfin, dans le voisinage d'Écrouves, près de l'écluse 22, un dépôt de tranchée et, au N. de la côte Barine, à 3 400 mètres de la place, un parc auxiliaire pour les batteries qui devaient être construites au N. du canal.

Tout était prêt pour le siége. L'attaque (¹) devait commencer par réduire au silence l'artillerie de la place et

---

(¹) Elle disposait des forces suivantes :

Troupes.
- 2 régiments d'infanterie et 1 bataillon de chasseurs.
- 1 régiment de dragons.
- 4 batteries de campagne.
- 5 compagnies d'artillerie de forteresse.
- 1 compagnie du génie.

Matériel.
- 24 canons de campagne dont 6 de 8ᶜ.
- 10 canons de 15ᶜ, en acier ⎫ prussiens.
- 16 — de 12ᶜ, en bronze ⎭
- 10 — de 12, rayés ⎫
- 4 obusiers de 22ᶜ ⎪
- 2 mortiers de 27ᶜ ⎬ français.
- 6 — de 22ᶜ ⎪
- 5 — de 15ᶜ ⎭

Les pièces prussiennes étaient approvisionnées à raison de 500 coups, dont 50 shrapnels.

ouvrir la première parallèle à 350 mètres et 450 mètres
des glacis, de Saint-Epvre à l'Ingressin. Si cela ne suffisait
pas, on avait l'intention de battre en brèche, de pousser
les cheminements en avant, de pratiquer une descente et
un passage de fossé et de donner l'assaut. On prit les dispositions suivantes :

1° 3 batteries *d'enfilade* situées *sur le mont Saint-Michel*
devaient tirer sur la courtine 40-41 et sur la porte qui s'y
trouve, sur la face gauche du bastion 40 et le flanc droit
du bastion 41.

Les batteries nos 1 et 2 ([1]), armées chacune de 6 pièces
de 9c, avaient été construites dans les nuits du 13 au 15
septembre. La batterie n° 3, pour 4 canons de 12c, fut
construite entre les deux précédentes, en utilisant les emplacements préparés pour une batterie de campagne. Elle
fut prête à tirer le 22. Les distances variaient de 1 500 à
2 100 mètres.

2° Une batterie *à démonter* (n° 4), *à l'O. de la Fayencerie*,
devait tirer sur la face droite du bastion 40 ; elle fut armée de 6 canons de 9c. Distance : 1 200 mètres.

3° Une batterie *de mortiers* (n° 5), *près de la station du
chemin de fer*, était dirigée contre les 2 bastions et la
demi-lune du front d'attaque. Elle fut armée de 2 mortiers
de 22c et de 3 mortiers de 15c. Distance : 550 à 600m. La
position de cette batterie, très-avantageuse, avait été choisie parce que le matériel employé au bombardement précédent était resté dans le voisinage du canal, et que la petite distance permettait d'utiliser les mortiers même de 15c.

On établit, en outre, *sur les hauteurs de la Justice :*

1° Une batterie *à démonter*, qui pourrait aussi *battre en
brèche* (n° 6), pour tirer sur la face droite du bastion 40 ;
elle fut armée de 6 canons de 15c. Distance : 700 mètres.

2° Une batterie *à démonter* (n° 7), pour 6 canons de 12c,
contre la face gauche du bastion 41. Distance : 800 mètres.

([1]) **Voir le tableau page 87.**

3° Une batterie *à démonter* (n° 8), pour 6 canons de 12, contre la courtine 40-41. Distance : 900 mètres.

4° Une batterie *à démonter et à ricochet* (n° 9), pour 6 canons de 12ᶜ, contre la face droite du bastion 39 et le flanc droit du bastion 40. Distance : 900 à 1 000 mètres.

Sur les pentes de la hauteur de Jacobin :

Une batterie *à enfiler* (n° 10), pour 2 canons de 15ᶜ et 3 obusiers de 22ᶜ, contre les courtines 39-40, 40-41 et le cavalier du bastion 41. Distance : 1 200 à 1 550 mètres.

Au S. de Dommartin :

Une batterie *d'enfilade* (n° 11), pour 6 canons de 8ᶜ, contre les faces droites des bastions 39 et 40 et la courtine intermédiaire ; on utilisa les emplacements qui avaient été occupés le 18 par une batterie de 8ᶜ. Distance, 1 600 à 1 900 mètres. Ces deux dernières batteries (10 et 11) avaient été portées très-loin sur la droite pour mieux embrasser le front d'attaque. Les 11 batteries enveloppaient la place à peu près sur les deux tiers de sa circonférence.

On plaça enfin, *sur les pentes S. du mont Saint-Michel*, une batterie *à démolir* (n° 12), pour 2 canons de 15ᶜ, destinés à tirer sur le batardeau situé devant la face gauche du bastion 42. Distance : 1 000 mètres.

Les batteries de campagne déjà en position devaient tirer nuit et jour quelques coups sur la place, pour troubler les travailleurs, allumer des incendies et tenir continuellement les défenseurs en éveil et sans repos.

Le 21 et le 22 septembre, les Allemands terminèrent les batteries déjà commencées, et, sous la protection de leurs feux, préparèrent la construction des autres. L'armement de la batterie n° 3, qui fut prête dès le 22, présenta les plus grandes difficultés : la raideur des pentes était telle que les chevaux refusèrent de tirer et qu'on fut obligé de faire traîner les pièces par les servants (70 hommes par pièce).

Le travail fut achevé et les dernières batteries construites dans la nuit du 22 au 23. Il n'y avait que 35 hommes par pièce. La nature du sol était défavorable ; beaucoup de magasins étaient à construire ; les dépôts de batterie étaient éloignés ; tout fut cependant terminé le matin du 23 à 5 heures. Chaque pièce était approvisionnée à 70 coups ou à 84, dont 14 shrapnels, pour celles qui devaient en tirer. Seule, la batterie 12 ne fut pas prête, parce qu'on avait oublié la poulie de la chèvre. Il fut impossible, malgré tous les efforts, de faire passer les pièces de la position de route à la position de tir. Ce fut heureux pour les assiégeants, car s'ils avaient détruit le batardeau, au lieu d'abaisser le niveau des eaux dans les fossés, comme ils en avaient l'intention, ils l'auraient, au contraire, notablement élevé, parce que le niveau du canal est très-supérieur à celui des fossés devant le front d'attaque.

Les 11 premières batteries ouvrirent le feu ensemble à 6 heures. Chacune devait tirer d'abord sur le but qui lui était particulièrement indiqué, puis elle devait soutenir les autres. Après avoir éteint le feu de la défense, on devait bombarder la ville. Quelques pièces furent spécialement désignées pour le tir des shrapnels. Bientôt des incendies éclatèrent en quatre endroits différents, près du rempart.

Le feu de la défense, d'abord très-vif, s'éteignit tout à fait ; une pièce casematée du bastion 40 avait seule résisté pendant longtemps et continué à tirer jusqu'au moment où son abri fut atteint par 2 obus de 15ᶜ.

Capitulation. — A 3 heures, le drapeau blanc parut sur les tours de la cathédrale et on entama les négociations qui devaient aboutir à la capitulation. Le lendemain, les Allemands prirent possession de la ville et du matériel de guerre qu'elle renfermait ([1]).

([1]) A leur entrée dans la place, ils trouvèrent le matériel suivant :

CANONS RAYÉS.		CANONS LISSES.		CANONS-OBUSIERS et obusiers.	MORTIERS.		
24	12	16	12		27ᶜ	22ᶜ	15ᶜ
6	16	9	18	6	2	5	2

Munitions consommées pendant le bombardement du 23 septembre. — Pendant la journée du 23, l'artillerie consomma les munitions suivantes :

Obus de 15ᶜ	268
Shrapnels de 15ᶜ	4
Obus de 12ᶜ.	926
Shrapnels de 12ᶜ	40
Obus de 9ᶜ.	456
Shrapnels de 9ᶜ.	156
Obus de 8ᶜ	201
Obus de 22ᶜ français.	54
Bombes de 22ᶜ françaises. . . .	138
Bombes de 15ᶜ françaises . . .	190
Total	2 433

Pertes en hommes et en matériel. — Les assiégeants avaient perdu, depuis le 12 septembre, dans la dernière opération tentée contre la place : 2 hommes tués, un officier et 22 hommes blessés.

Armement et objectif des batteries construites pour le dernier bombardement. — Le plan de la page 72 et le tableau suivant font connaître les emplacements des diverses batteries construites en vue du dernier bombardement, ainsi que les objectifs qui leur furent assignés.

Nᵒˢ DES BATTERIES.	ARMEMENT.		DISTANCE aux points à battre.	OBJECTIF DES BATTERIES.
	Nombre de pièces.	Calibre.		
1	6	9ᶜ	mètres.	Enfiler la courtine 40-41 et la face gauche du bastion 40. Battre la porte de la courtine 40-41 et le flanc droit du bastion 41.
2	6	9ᶜ	1 500—2 100	
3	4	12ᶜ		
4	6	9ᶜ	1 200	Contre-battre la face droite du bastion 40.
5	2	mort. de 22ᶜ fr.	550—600	Battre les 2 bastions et la demi-lune du front d'attaque.
	3	mort. de 15ᶜ fr.		
6	6	15ᶜ	700	Contre-battre la face droite du bastion 40 et battre en brèche.
7	6	12ᶜ	800	Contre-battre la face gauche du bastion 41.
8	6	12 français.	900	Contre-battre la courtine 40-41.
9	6	12ᶜ	900—1 000	Contre-battre la face droite du bastion 39 et battre de revers le flanc droit du bastion 40.
10	2	15ᶜ	1 200—1 550	Contre-battre et enfiler les courtines 39-40, 40-41 et le cavalier du bastion 41.
	3	obus. de 22ᶜ fr.		
11	6	8ᶜ	1 600—1 900	Enfiler la face droite du bastion 39 et la courtine 39-40. Battre de revers la face droite du bastion 40.
12	2	15ᶜ	1 000	Démolir le batardeau situé devant la face gauche du bastion 42.

Total : 64 bouches à feu, dont

- 6 de 8ᶜ.
- 18 de 9ᶜ.
- 16 de 12ᶜ.
- 10 de 15ᶜ.
- 6 de 12.
- 2 mortiers de 22ᶜ
- 3 — de 15ᶜ } français.
- 3 obusiers de 22ᶜ

R. GASSELIN, *capitaine d'artillerie.*

SIÉGE DE SCHLESTADT.

[D'après l'ouvrage : *Die Eroberung von Schlettstadt und Neu-Breisach im Jahre 1870,* von NEUMANN, Major im Niederschlesischen Fuss-Artillerie-Regiment N° 5 und Artillerie-Offizier vom Platz in Posen. — Berlin, Vossische Buchhandlung. 1876.]

Description sommaire de la place de Schlestadt. — Située sur la rive gauche de l'Ill, à 4 kilomètres du pied des Vosges et à 14 kilomètres du Rhin, la place de Schlestadt commande le chemin de fer de Strasbourg à Bâle, la grande route de Strasbourg à Mulhouse par Colmar, et l'entrée du col de Sainte-Marie-aux-Mines qui donne accès dans la vallée de Saint-Dié, sur le versant occidental des Vosges. Mais elle peut être tournée facilement et n'a par suite qu'une médiocre valeur stratégique.

L'enceinte, construite par Vauban d'après son premier système, forme un polygone irrégulier de neuf côtés ; dans chacun des bastions 30, 31, 32, s'élève un cavalier ; deux magasins à poudre sont établis dans les bastions 29 et 33. Les ouvrages extérieurs comprennent, outre 6 demi-lunes, 12 lunettes et 2 redoutes : la demi-lune 18 à l'O. couvre la porte de Colmar, la demi-lune 21 au N. celle de Strasbourg et la demi-lune 26 au S. celle de Neuf-Brisach ; dans cette dernière demi-lune, la plus grande de toutes, se trouvent plusieurs bâtiments militaires, entre autres un magasin à farines et un magasin à fourrage. Au moyen du pont éclusé qui mène à cet ouvrage, on peut rejeter dans les fossés les eaux de l'Ill, dont le niveau est maintenu à une hauteur convenable par plusieurs batardeaux.

Le terrain dans les environs immédiats de Schlestadt est presque entièrement plat ; il s'élève seulement du côté de l'O. vers les villages de Kintzheim et de Chatenois. Au S. et à l'E., la place est entourée par les prairies basses de l'Ill, qu'on peut inonder jusqu'à 1 500 mètres

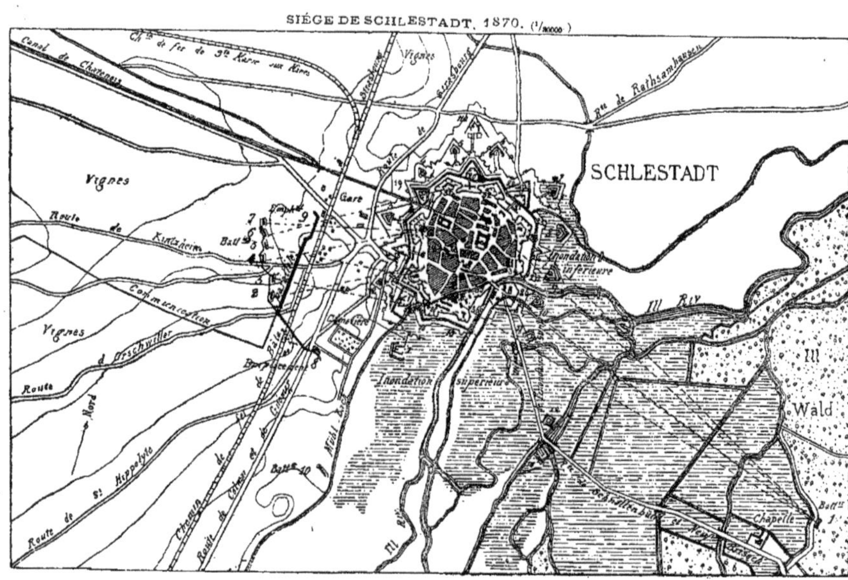
SIÉGE DE SCHLESTADT, 1870. (1/80000)
SCHLESTADT
Vignes
Canal de Chateaux
Ch. de fer de S.te Marie aux Mines
Rue de Rathsamhausen
Route de Kintzheim
Gare
Batt.
Vignes
Commercielle
Vignes
d'Orschwiller
Route
Nord
Route de S.t Hippolyte
Inondation inférieure
Inondation supérieure
Ill Riv.
Ill Wald
Chapelle
Ill

vers le S. et à 250 mètres vers l'E. Le remblai de la route de Neuf-Brisach forme la limite de l'inondation supérieure, qu'on tend en barrant les différents ruisseaux ou bras de l'Ill qui traversent cette route ; l'inondation inférieure est tendue au moyen de deux barrages situés à 250 mètres environ en avant des lunettes 8 et 9, l'un sur l'Ill, l'autre sur un canal de décharge. Les fossés des lunettes entourées par l'inondation sont pleins d'eau ; ceux des lunettes 6 et 112 sont mis en communication avec les fossés du corps de place ; les lunettes 2, 3, 4, 5 ont seules des fossés secs.

La garnison de Schlestadt, au moment où commencèrent les opérations contre cette ville, se composait de 1 bataillon de la garde mobile à 8 compagnies, des dépôts de 2 régiments de lanciers, de 1 demi-batterie d'artillerie, enfin de 4 batteries d'artillerie de la garde mobile, en tout 2000 hommes environ. La place, abondamment pourvue en vivres et en munitions, avait son armement au complet. Celui-ci, d'après le projet de 1867, devait comprendre 104 pièces dont 44 rayées ; après la capitulation, les Allemands y trouvèrent 122 pièces dont 50 rayées. (Voir le détail plus loin.)

Investissement. — La 4ᵉ division de réserve de l'armée allemande, formée en grande partie de troupes de landwehr et forte de 15 bataillons, 8 escadrons et 6 batteries, reçut, le 21 septembre, l'ordre de passer, après avoir opéré sa concentration à Fribourg en Brisgau, sur la rive gauche du Rhin pour occuper la haute Alsace, investir Neuf-Brisach et Schlestadt et observer Belfort. Elle effectua le passage du Rhin en bateaux, du 1ᵉʳ au 3 octobre, entre Neuenbourg et Chalampé, à 25 kilomètres en amont de Neuf-Brisach, occupa Mulhouse, coupa le chemin de fer de Belfort et poussa ses détachements vers Neuf-Brisach et Schlestadt. Cette dernière ville fut investie le 10 octobre par 5 bataillons, 2 escadrons, 2 batteries, et sommée de se rendre ; mais la sommation fut repoussée.

Une batterie de 8ᶜ prit alors position sur la route de Colmar, à 1 500 mètres environ de la fortification et lança une douzaine d'obus dans la place qui riposta assez vivement; cette canonnade n'eut aucun résultat.

A la suite de cette tentative infructueuse, les troupes d'investissement, successivement renforcées de 4 bataillons, furent divisées en 3 détachements qui furent chargés d'observer l'un la rive droite de l'Ill (1 bataillon, 1/2 escadron), les deux autres la rive gauche (au N. de la place, 3 bataillons, 1/2 escadron, 1 batterie; au S., 5 bataillons, 1 escadron, 1 batterie). Les avant-postes, placés pendant le jour à 3 000 pas environ des ouvrages, en étaient rapprochés autant que possible pendant la nuit. Le général-major de Schmeling, commandant la 4ᵉ division de réserve, qui avait établi, le 10 octobre, son quartier général à Widensohlen dans les environs de Neuf-Brisach, le transporta le 17 à Kintzheim.

Opérations préliminaires du siége. — Immédiatement après la prise de Strasbourg, on s'était décidé, pour se rendre entièrement maître de l'Alsace, à pousser les opérations contre Schlestadt et Neuf-Brisach, et l'on avait organisé le parc de siége destiné à agir contre ces deux places; il devait comprendre 12 canons de 15ᶜ courts, 20 de 12ᶜ, 6 de 9ᶜ, 4 mortiers de 28ᶜ, 8 de 23ᶜ, 6 de 15ᶜ; en tout 56 bouches à feu approvisionnées à raison de 300 à 400 coups par pièce, et servies par 12 compagnies d'artillerie de forteresse, sous les ordres du lieutenant-colonel de Scheliha, qui avait pris part au siége de Strasbourg comme chef d'état-major de l'artillerie. Le 13 octobre, celui-ci s'établit à Kintzheim, fit reconnaître le terrain à l'O. de Schlestadt et choisit pour le parc de siége un emplacement à l'E. de Saint-Hippolyte, à 5 kilomètres 1/2 au S.-O. de la place. Le choix du point d'attaque était forcément limité à l'un des bastions des fronts O. et N., ceux du S. et de l'E. étant couverts par l'inondation; entre les deux bastions les plus aigus, 29 et 31, on se décida pour le premier, les fronts adjacents paraissant moins forts et le terrain des attaques plus favorable.

Du 13 au 22 octobre, on resserra la ligne d'investissement, les avant-postes étaient poussés pendant la nuit jusqu'à 1 000 pas de la place ; pendant le jour ils se repliaient et s'abritaient dans des tranchées contre le feu très-vif que la place dirigeait sur le moindre détachement qui s'offrait à ses vues.

Le 15 octobre, 5 compagnies d'artillerie de forteresse arrivèrent à Saint-Hippolyte, où elles commencèrent à préparer les matériaux nécessaires à la construction des batteries ; 4 autres compagnies arrivèrent le 18 à Orschwiller.

Le transport du parc de siége de Vendenheim près Strasbourg à Schlestadt présenta de grandes difficultés. Le poids des munitions et accessoires à amener devant la place s'élevait à 4 400 quintaux, indépendamment du matériel réglementaire qui comprenait près de 100 affûts, porte-corps, forges, etc. Comme on ne pouvait utiliser le chemin de fer encore coupé en plusieurs endroits, on était obligé de se servir de voitures de réquisition. Il en eût fallu environ 1 200, à 2 chevaux, mais il fut impossible d'en réunir même la moitié. On divisa donc le parc de siége en deux fractions, dont la première, comprenant tout le matériel nécessaire à la construction de 6 batteries à 4 pièces (8 canons de 15^c courts, 8 de 12^c, 4 mortiers de 28^c et 4 de 23^c, environ 400 voitures), fut mise en route le 14 octobre au matin, et arriva à Saint-Hippolyte le 16 au soir avec 2 compagnies d'artillerie de forteresse bavaroises. Les voitures furent déchargées le lendemain matin et retournèrent à Vendenheim ; une pièce de 12^c, reconnue hors de service, fut également renvoyée et immédiatement remplacée. Les jours suivants furent employés à la préparation des fascinages, des bois de plates-formes, etc.

Le 19 au matin, quelques rassemblements de travailleurs ayant été signalés en avant de la porte de Colmar, 4 pièces de campagne prirent position entre Chatenois et Kintzheim, à 3 000 mètres environ des glacis ; une vingtaine d'obus dissipèrent les rassemblements, mais la batterie, contre-battue par l'artillerie de la place, dut se retirer.

Le même jour, un deuxième transport, comprenant 95 voitures, arriva au parc de Saint-Hippolyte.

Ouverture du feu. — Pour détourner l'attention de l'assiégé du véritable point d'attaque et le troubler dans ses travaux, on résolut de construire, au S.-E. de la place, une batterie de 4 canons de 12ᶜ, destinés à tirer contre les magasins et les casernes des fronts du S. et à prendre ultérieurement à revers les fronts de l'O., lors de l'attaque en règle. Cette batterie (nᵒ 1, voir le plan) fut construite dans la nuit du 19 au 20 octobre, le long d'un chemin en remblai qui traverse le bois dit Ill-Wald, à une distance de 2 200 mètres de la demi-lune 26. Le terre-plein de la batterie ne put être enfoncé de plus de $0^m,65$, parce qu'au delà de cette profondeur on rencontrait l'eau ; la nature du sol, entremêlé de racines, en rendait l'excavation difficile ; de plus, on ne pouvait prendre de terres en avant de l'épaulement que longeait un fossé plein d'eau. Les petits magasins pour les munitions furent creusés latéralement dans le remblai du chemin. La batterie fut armée le 20, à 4 heures du matin et ouvrit le feu à 9 heures contre la redoute 12, à la distance de 1 600 mètres. Le défenseur, d'abord surpris, ne tarda cependant pas à répondre avec 8 ou 10 pièces, et vers midi l'assiégeant fut obligé d'interrompre son tir pour réparer l'épaulement de la batterie ; il avait d'ailleurs réussi, avec quelques obus incendiaires, à mettre le feu à un magasin de la demi-lune 26. Vers 4 heures, la batterie put reprendre son tir, qu'elle dirigea contre les magasins et les casernes, qu'elle ne parvint pourtant pas à brûler ; quelques incendies allumés en ville furent promptement éteints.

L'assiégé ripostait vigoureusement. Le feu, entretenu faiblement pendant la nuit, fut repris avec plus de vivacité le lendemain matin. Le manége du bastion 36, transformé en magasin à fourrage, fut brûlé ainsi que plusieurs maisons de la ville ; mais la batterie eut beaucoup à souffrir du tir de la place, qui tua ou blessa quelques servants et démonta l'une des pièces.

Construction de la 1re parallèle et des batteries n°s 2 à 7. — Quatre compagnies de pionniers étant arrivées le 18 et le 19 octobre, le général de Schmeling résolut d'ouvrir la 1re parallèle dans la nuit du 22 au 23 et en même temps de faire construire en arrière 6 batteries. La parallèle devait s'appuyer à gauche contre les bâtiments en ruine de la gare et se prolonger derrière le remblai du chemin de fer qui, en cet endroit, a de 1 à 2 mètres de hauteur ; les batteries trouvaient en arrière de la parallèle une position avantageuse, en partie masquée par les vignes aux vues de la place.

Dans la journée du 22 était arrivé un nouveau convoi de bouches à feu et de munitions, comprenant environ 400 voitures et accompagné d'une compagnie d'artillerie (ce qui portait à 12 compagnies les forces de l'artillerie de siége).

A la chute du jour, le cordon de sentinelles fut poussé en avant jusqu'à 200 ou 300 pas de la crète des glacis. Le travail commença à la nuit ; le lendemain matin, la parallèle, la communication en arrière et les 6 batteries (n°s 2 à 7) étaient terminées, quoique le terrain eût été difficile à excaver ; les terre-pleins étaient enfoncés de 0^m,65 à 1 mètre ; une communication, de 500 mètres environ de développement, reliait entre elles les 6 batteries et celles-ci à la parallèle. L'assiégé, qui avait entendu les travailleurs, mais les avait crus beaucoup plus éloignés, avait dirigé contre eux un feu assez vif, qui resta sans grand effet, les coups étant trop longs. L'armement des batteries 3 et 6 fut complété avec les pièces de 12^c arri-

Armement et objectifs des batteries construites devant Schlestadt.

NUMÉRO des batteries.	ARMEMENT		OBJECTIFS PRINCIPAUX.	DISTANCES.
	Nombre de pièces.	Calibre.		
1	4	12 c.	Demi-lune 26.	2 200^m
			Redoute 12	1 650
			Porte de Strasbourg (courtine 32-33) .	2 500
			Casernes derrière la courtine 36-28. .	2 450
			Bastion 29.	2 750
			Bastion 30.	2 850
2	4	Mortiers de 28 c.	Bastion 29	800
			Bastion 28	900
3	6	12 c.	Face droite du bastion 28	850
			Bastions 29 et 30	800
			Face gauche du bast. 31 et court. 30-31	1 100
4	4	15 c. court.	Face gauche du bastion 30.	950
			Cavalier du bastion 30.	1 000
5	4	15 c. court.	Face droite du bastion 29	800
			Porte de Colmar (demi-lune 18), courtine 29-30, face gauche du bast. 30 .	800
6	6	12 c.	Flanc gauche du bastion 31	800
			Bastion 30	750
7	4	Mort. de 23 c.	Bastions 30 et 31	750
			Demi-lunes 18 et 19	750
8	2	8 c.	Emplacement préparé pour agir contre les sorties	»
9	2	8 c.	Id. (dans la nuit du 23 au 24).	»
10	4	15 c. court.	Front 30-31. — Cavalier 31 ; magasin à poudre du bastion 29 . . . . . . (Ne fut pas construite.)	»

vées dans la journée ; à 6 heures et demie du matin, toutes les batteries étaient prêtes à faire feu (voir l'armement et les objectifs de ces batteries dans le tableau ci-contre). Une des batteries de campagne avait également préparé à l'extrémité droite de la parallèle un emplacement (n° 8) pour deux pièces de 8ᶜ, destinées à tirer contre les sorties.

Pendant que s'exécutaient ces travaux, la batterie n° 1, où la pièce hors de service avait été remplacée, dirigeait son tir contre les fronts d'attaque, qu'elle battait à revers et qu'une des batteries de campagne, postée au N. de la place, devait prendre d'enfilade, dans le cas où l'assiégé aurait trop gêné les travailleurs.

Combat d'artillerie.—Le 23 au matin, le défenseur, ayant découvert la parallèle et les batteries construites pendant la nuit, commença contre elles un feu très-vif. Le premier coup de canon tiré par la batterie n° 4, vers 7 heures, fut le signal d'un combat d'artillerie très-violent qui dura toute la journée ; l'assiégeant entra en lutte avec 31 pièces, 27 (¹) à l'O., 4 au S., contre 50 environ de la place, dont une dizaine étaient dirigées contre la batterie 1. Les embrasures profondes des remparts formaient un but facile à atteindre ; dès 9 heures, toutes celles des bastions 29 et 30 et du cavalier 30 étaient bouleversées, et l'assiégé ne ripostait plus guère qu'avec ses mortiers et ses obusiers. Il travailla activement, sous un feu intense, à réparer ses embrasures et essaya à plusieurs reprises de recommencer le tir ; ses coups, trop longs en général, ne produisaient que peu d'effet contre les batteries, qui eurent davantage à souffrir de la fusillade. Pour troubler le travail des embrasures, elles tirèrent plusieurs fois à shrapnels.

Pendant cette journée, la batterie n° 1 avait continué à tirer contre les fronts d'attaque et contre la porte de

---

(¹) Un canon de 15ᶜ court avait été versé dans un fossé pendant le transport du parc à la batterie n° 4, de sorte que celle-ci dut ouvrir le feu avec 3 pièces seulement; la 4ᵉ ne put être mise en batterie que dans la nuit du 23 au 24.

Strasbourg, afin d'empêcher les sorties. Ce feu gênait beaucoup le défenseur ; aussi tourna-t-il toutes les pièces disponibles contre cette batterie, qui souffrit beaucoup et fut forcée d'interrompre son feu entre 11 heures et 3 heures.

Vers 7 heures, les batteries allemandes reçurent les munitions nécessaires pour la journée du lendemain, et ralentirent leur feu, qui fut repris avec vivacité vers 9 heures et qui empêcha en grande partie les défenseurs de réparer leurs parapets. Dans la nuit, on prépara à la gauche de la parallèle un emplacement (n° 9) pour 2 canons de 8ᶜ de campagne destinés à agir contre les sorties.

Pour compléter les effets de l'artillerie contre les fronts d'attaque, on résolut de construire la nuit suivante (du 24 au 25), à 1 500 mètres au S. de la place, entre la route de Colmar et l'inondation, une nouvelle batterie (n° 10) pour 4 canons de 15ᶜ courts, destinés à enfiler le front 30-31 et à tirer contre le cavalier 31 et le magasin à poudre du bastion 29. La capitulation de la place rendit inutile la construction de cette batterie.

Capitulation. — Le 24 au matin, la place était dans l'impossibilité de recommencer la lutte ; elle arbora le drapeau blanc à 8 heures et demie, et la capitulation fut signée à 10 heures. La garnison quitta dans l'après-midi la ville, qui fut occupée le 25 par les troupes allemandes. Celles-ci y trouvèrent 122 bouches à feu (¹), 140 affûts, 17 500 projectiles pour canons rayés, 44 000 pour canons lisses, 80 000 kil. de poudre, 10 000 gargousses, plus de 6 000 fusils et d'un million de cartouches. Des 115 pièces pla-

---

(¹) Le tableau suivant en fait connaître le nombre par espèce et par calibre :

CANONS RAYÉS DE				CANONS LISSES		OBUSIERS DE			MORTIERS DE		
24 de pl.	12 de pl.	12 de s.	4 de c.	de 16.	c. ob. de 12.	22 c.	16 c.	15 c.	27 c.	22 c.	15 c.
9	15	9	17	15	23	7	2	4	7	8	6

cées sur les remparts, 26 avaient leurs affûts brisés ; 22 embrasures étaient totalement bouleversées ; mais les ouvrages eux-mêmes avaient en général peu de dégradations, les abris voûtés étaient intacts, quelques abris provisoires seulement avaient été traversés par les projectiles. Les bâtiments militaires avaient beaucoup souffert ; 25 maisons de la ville avaient été brûlées de fond en comble et une vingtaine d'autres avaient subi de forts dégâts.

Munitions consommées par les assiégeants. — Les 7 batteries construites par les assiégeants avaient lancé contre la place 2 037 projectiles répartis de la manière suivante :

Obus de 15ᶜ	392	} 437
Shrapnels de 15ᶜ	45	
Obus de 12ᶜ	880	
Obus incendiaires de 12ᶜ.	136	} 1 096
Shrapnels de 12ᶜ	80	
Bombes de 28ᶜ	280	} 504
— de 23ᶜ	224	

(437 + 1 096 = 2 037, 504)

soit en moyenne 63 coups pour chacune des 32 pièces qui prirent part à la lutte.

Pertes éprouvées par l'assiégeant. — L'artillerie allemande avait eu 5 hommes tués et 15 blessés (dont 4 officiers) ; les pertes des autres armes se réduisaient à 2 morts et 3 blessés.

Une seule pièce (de la batterie nᵒ 1) avait été mise hors de service par le feu de l'ennemi, un éclat d'obus en ayant détérioré l'âme près de la bouche. Un affût de la même batterie avait été atteint par un projectile de la place.

P. HUTER,

Capitaine d'artillerie.

SIÉGE DE NEUF-BRISACH.

[D'après l'ouvrage : *Die Eroberung von Schlettstadt und Neu-Breisach im Jahre 1870*, von NEUMANN, Major im Niederschlesischen Fuss-Artillerie-Regiment N° 5 und Artillerie-Offizier vom Platz in Posen. — Berlin, Vossische Buchhandlung, 1876.]

Description sommaire de la place de Neuf-Brisach. —
La forteresse de Neuf-Brisach complétait, avec Schlestadt, la partie de la ligne de défense de la frontière orientale de la France comprise entre Strasbourg et Belfort. Située à trois journées de marche de l'une et de l'autre de ces places, sur le canal du Rhône au Rhin, à 18 kilomètres du pied des Vosges et à 3 kilomètres du Rhin, elle commandait l'un des principaux points de passage de ce fleuve, la grande route de Strasbourg à Bâle et celle qui d'Alsace conduit dans l'Allemagne du Sud par Colmar, Fribourg et Ulm. Construite par Vauban ([1]) d'après son troisième système, elle forme un octogone régulier, avec tours bastionnées aux saillants, bastions détachés ou contre-gardes couvrant les tours, courtines bastionnées, tenailles et demi-lunes. Le canal du Rhône au Rhin contourne la place et décrit un demi-cercle autour des fronts de l'E.; le canal Vauban ([2]) longe les glacis des fronts du S. et de l'O. pour se déverser dans un autre canal dit rigole de Widensohlen. Les fossés sont secs, avec une simple cunette alimentée par le canal Vauban.

Dans les environs de la ville, le terrain est complétement plat; les villages de Weckolsheim, Wolfgantzen, Biesheim, Volgelsheim et Algolsheim, éloignés de 1 500 à 1 800 mètres, le bois dit Kastenwald, à 2 000 mètres à l'O., et celui de Niederwald, à 3 000 mètres au N., offrent de bons couverts à l'assaillant. A 2 400 mètres au N.-E.

([1]) Pour remplacer Vieux-Brisach cédé à l'Empire par le traité de Ryswick (1697).

([2]) Dérivation de l'Ill que fit creuser Vauban pour servir au transport des matériaux destinés à la construction de la forteresse.

se trouve le fort Mortier, ancienne tête de pont de la forteresse depuis longtemps démantelée de Vieux-Brisach ;
c'est une lunette à escarpe revêtue et fossé plein d'eau,
dont la gorge, tournée vers le Rhin, est fermée par un
mur terrassé et casematé. De la position dominante de
Vieux-Brisach, on voit jusqu'au pied l'escarpe de la
gorge du fort.

Neuf-Brisach avait une population de 2 000 habitants ;
sa garnison, au moment du siége, était forte de 5 000
hommes environ (4e bataillon et dépôt du 74e régiment
d'infanterie, 3 bataillons de garde mobile, 2 compagnies
de francs-tireurs, dépôt du 4e régiment de chasseurs à
cheval, une demi-batterie du 6e d'artillerie et 2 batteries
de la garde mobile). La place possédait 118 canons, dont
42 rayés, et le fort Mortier 7, dont 3 rayés (voir le détail
plus loin) ; le projet d'armement de 1867 en comprenait
99 (dont 42 rayés) pour la place et 9 (dont 3 rayés) pour
le fort Mortier.

Investissement. — Ainsi qu'on l'a dit dans le récit du
siége de Schlestadt, la 4e division de réserve de l'armée
allemande, forte de 15 bataillons (dont 12 de landwehr),
8 escadrons, 6 batteries, et concentrée à Fribourg sous les
ordres du général de Schmeling, avait passé le Rhin, du
1er au 3 octobre, entre Neuenbourg et Chalampé (¹), avec
mission d'investir Neuf-Brisach et Schlestadt et d'observer Belfort. Un détachement de 4 bataillons, 4 escadrons
et 5 batteries, sous les ordres du général de Treskow II,
fut aussitôt mis en marche sur Neuf-Brisach ; un bataillon,
poussé le 5 octobre sur la route de Bâle jusqu'à 5 kilomètres de la place, dut se retirer devant une sortie de la
garnison et venir se mettre sous la protection d'une batterie qui, par le tir de quelques obus, la rejeta dans la
ville. Le 6 octobre, les troupes étaient remises en marche
pour procéder à l'investissement qui fut effectué, le len-

____

(¹) A 25 kilomètres en amont de Neuf-Brisach.

SIÉGE DE NEUF-BRISACH, 1870 (1/ss100).

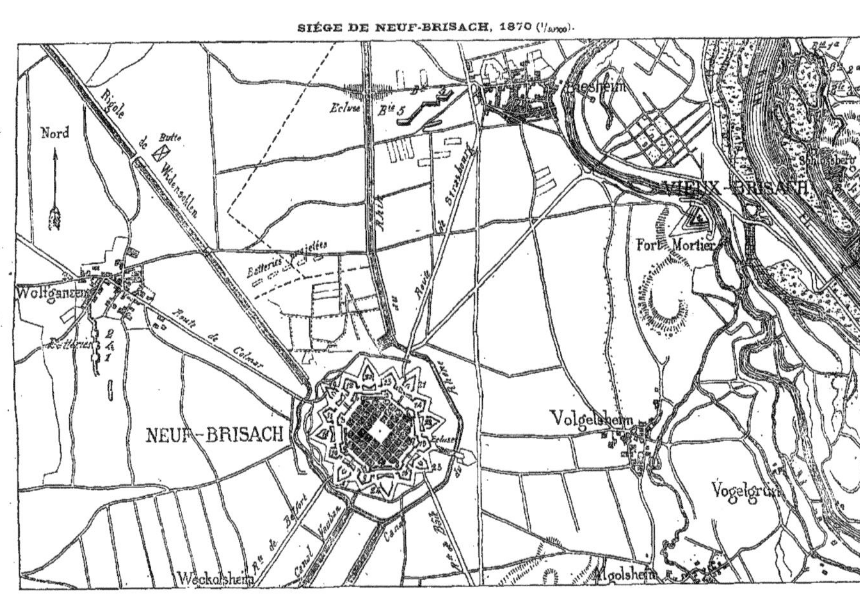

Nord
Rigole
Butte
de Widensollen
Ecluse B^te 5
Résheim
VIEUX-BRISACH
Schlosberg
Batteries projetés
Fort Mortier
Wolfganzen
Route de Colmar
Batteries
NEUF-BRISACH
Volgelsheim
Rte de Belfort
Canal Vauban
Canal du
Vogelgrün
Weckolsheim
Algolsheim

demain, par le détachement de Treskow, avec l'aide de 4 autres bataillons. A midi, la place était complétement cernée, les villages environnants occupés et les avant-postes poussés jusqu'à 1 200 ou 1 500 mètres des glacis.

Bombardement par l'artillerie de campagne. — Après une sommation infructueuse, le général de Schmeling prit le parti d'essayer un bombardement avec les batteries de campagne dont il disposait; il espérait ainsi exercer sur la garnison, formée en grande partie de gardes mobiles, et sur les habitants, presque tous restés dans la ville, une action suffisante pour arriver à une capitulation. A la chute du jour (7 octobre), 3 batteries de 8ᶜ prirent position au N.-E. de Weckolsheim, entre le canal Vauban et celui du Rhône au Rhin, et 2 batteries de 9ᶜ au N. de Wolf-gantzen, la droite appuyée au village. Vers 9 heures, les 5 batteries ouvrirent le feu contre la ville, dont elles étaient éloignées de 1 500 mètres environ; la place riposta bientôt, mais faiblement et sans grande efficacité, les positions des batteries lui étant inconnues. Cette canonnade ne paraissant pas produire des effets de nature à amener le résultat attendu, l'assaillant cessa le feu vers 11 heures; il fallait ménager les projectiles, car les colonnes de munitions n'avaient pas encore rejoint la division. On avait tiré environ 15 coups par pièce, soit en tout 450 coups; trois incendies avaient éclaté en ville. Les pertes des Allemands se réduisaient à 7 hommes; un avant-train avait été démonté.

Blocus. — Après ce premier bombardement, les troupes d'investissement durent se borner à faire le blocus de la place. Le 15 octobre au matin, par un fort brouillard, la garnison opéra une sortie par les portes de Belfort et de Colmar contre les villages de Weckolsheim et de Wolf-gantzen qui, faiblement occupés, durent être évacués; des renforts étant arrivés, les positions furent reprises et les Français rejetés dans la place. Cette escarmouche, qui avait coûté aux Allemands 38 hommes, était terminée à 7 heures du matin.

Les troupes d'investissement se trouvant réduites, par suite des opérations contre Schlestadt, à 6 bataillons, 4 escadrons, 3 batteries, reçurent l'ordre de bloquer uniquement les fronts O. et N. et de se contenter de surveiller les fronts du S.

Le 22 dans l'après-midi, l'assiégé fit une nouvelle sortie avec 500 hommes et 2 canons contre Biesheim, et avec 300 hommes contre Weckolsheim, mais forcé à la retraite par le tir de l'une des batteries de campagne du corps d'investissement, il se tint dès lors sur la défensive.

Opérations préliminaires du siége. — Aussitôt après la chute de Schlestadt (24 octobre), on fit renforcer les troupes stationnées devant Neuf-Brisach et commencer les opérations de siége contre cette forteresse. Le 27 octobre, le premier échelon du parc de siége et tout le parc du génie étaient mis en route, et le général de Schmeling transportait son quartier général à Kuenheim, à 7 kilomètres au N. de Neuf-Brisach. Le 28, les troupes d'investissement, fortes à ce moment de 11 bataillons, 3 escadrons et 4 batteries, étendirent de nouveau leurs lignes d'avant-postes en avant des fronts du S.; elles furent divisées en 3 détachements:

Au N., 5 bataillons, 1/2 escadron, 2 batteries (1 de 8ᵉ, 1 de 9ᵉ) entre la rigole de Widensohlen et le canal du Rhône au Rhin, occupant Biesheim pendant la nuit.

A l'O., 4 bataillons, 1/2 escadron, 1 batterie (de 8ᵉ) entre la rigole de Widensohlen et le canal du Rhône au Rhin, occupant d'une manière permanente Wolfgantzen et Weckolsheim;

Au S., 2 bataillons, 1 escadron, 1 batterie (de 9ᵉ), entre le canal et le Rhin, occupant Algolsheim pendant la nuit.

Un escadron restait à la disposition du général commandant la division.

Pendant le jour, les avant-postes étaient éloignés de 2 000 à 3 000 mètres de la place; pendant la nuit, ils devaient relier entre eux tous les villages occupés.

Le lieutenant-colonel de Scheliha, commandant de l'artillerie, choisit, pour y installer le parc de siége, un emplacement convenable, situé près de Widensohlen et caché aux vues de la place, à une distance de 5500 mètres environ dans la direction du N.-O. Ce parc devait comprendre: 4 canons de 15^c longs, 12 de 15^c courts, 20 de 12^c, 4 mortiers de 28^c, 8 de 23^c, 6 de 15^c, plus 4 canons français de 24 et 6 mortiers de 27^c, provenant de l'armement de Schlestadt, en tout 64 pièces. Le transport de Schlestadt à Neuf-Brisach exigea 5 convois, d'environ 200 voitures chacun, qui arrivèrent successivement du 28 au 31 octobre. 11 compagnies d'artillerie de forteresse et 4 de pionniers ayant rejoint dans la même période le corps d'investissement, furent cantonnées dans les villages au N. de la place; elles s'occupèrent immédiatement de la confection des fascinages, le manque de moyens de transport empêchant d'utiliser ceux qui avaient servi au siége de Schlestadt.

Pour les opérations contre le fort Mortier, on mit à la disposition du général de Schmeling 3 compagnies d'artillerie de forteresse badoises, avec 4 canons de 15^c, 8 de 12^c, 4 mortiers de 60 livres et 6 canons de 9^c de la batterie de sortie de Rastadt. Ce parc, avec les munitions, les fascinages, les bois de plates-formes, etc., arriva du 28 au 30 à Vieux-Brisach et fut installé contre la chaussée d'Ihringen à Vieux-Brisach, les pièces sur la route, les bois de plates-formes et les fascinages sur les pentes orientales du Schlossberg, les munitions et les poudres sous des hangars ouverts; les 3 compagnies furent cantonnées dans Vieux-Brisach.

Choix du point d'attaque. — Dans le projet d'attaque établi par les Français, ce sont les fronts 2-3-4 qui étaient considérés comme fronts d'attaque, à cause des avantages que l'assaillant trouvait dans la proximité du village de Wolfgantzen et du Kastenwald. Les Allemands se décidèrent à attaquer les fronts 3-4-5 en s'appuyant sur les considérations suivantes : au point de vue de la fortification, tous les fronts étaient identiques, mais en attaquant tout autre que les fronts 3-4-5, on venait se heurter au pied du glacis contre l'un des canaux qui entourent la ville sur les trois quarts de son périmètre et qu'on aurait eu quelque difficulté à franchir dans la dernière période du siége ; de plus, dans l'attaque des fronts en question, le canal du Rhône au Rhin et la rigole de Widensohlen constituaient de bons points d'appui pour les extrémités de la parallèle ; la proximité des villages de Biesheim et de Wolfgantzen permettait de construire des batteries indépendamment des travaux du génie et de les défendre facilement ; enfin, le Niederwald pouvait être avantageusement utilisé pour les dépôts de tranchée. Quant à l'action du fort Mortier, qui prenait en flanc les attaques, on espérait la neutraliser au moyen des batteries établies sur la position dominante de Vieux-Brisach.

Choix des emplacements des batteries. — Dans la soirée du 30 octobre eut lieu une conférence pour l'établissement définitif du plan d'attaque. On résolut de construire la première parallèle entre le canal du Rhône au Rhin et la rigole de Widensohlen, à 600 mètres environ des glacis, mais seulement après que le feu aurait été ouvert contre la place par 3 batteries et contre le fort Mortier par 3 autres, établies sur la rive droite du Rhin. Les emplacements de ces batteries avaient déjà été reconnus : la batterie 1 (4 canons de 15^c courts), à 300 mètres au S. de Wolfgantzen ; la batterie 2 (4 canons de 24 de place francais), à 80 mètres au N. de la précédente, et la batterie 3 (4 canons de 15^c courts), à 150 mètres à l'O. de Biesheim, garantie par les maisons du village contre les vues du fort Mortier, devaient diriger leur feu contre les portes de Colmar et de Strasbourg, pour empêcher les sorties, et contre les pièces des contre-gardes 11 à 14 et des courtines adjacentes ; plus tard, elles devaient appuyer les travaux de sape par un tir d'enfilade contre les fronts attaqués. On espérait en même temps tromper l'assiégé sur le véritable point d'attaque et en détourner son attention.

La reconnaissance du terrain sur la rive droite du Rhin avait fait trouver, pour les batteries badoises, en arrière de la digue du Rhin, à quelques centaines de mètres au N. de Vieux-Brisach, trois emplacements éloignés de 1 300 à 1 500 mètres du fort Mortier (batterie 1ᵃ pour 4 mortiers de 60 livres, 2ᵃ pour 4 canons de 15ᶜ, 3ᵃ pour 4 canons de 12ᶜ).

Ces 6 batteries devaient entrer en action simultanément, parce qu'on craignait que le bombardement de Neuf-Brisach n'attirât le feu du fort Mortier sur la ville de Vieux-Brisach, ce qui eut lieu d'ailleurs et dura jusqu'à ce que les pièces du fort eussent été toutes forcées de diriger leur tir contre les batteries badoises.

Construction des batteries. — Le soir du 31 octobre, on resserra la ligne d'investissement ; à la chute du jour, les avant-postes du N. et de l'O. furent poussés fortement en avant, avec l'ordre de se creuser des tranchées-abris qui pussent être utilisées plus tard pour l'ouverture de la première parallèle.

Sur la rive droite du Rhin, on commença le même soir la construction des 3 batteries ; des travailleurs de réquisition furent chargés de creuser la communication qui reliait les batteries entre elles et avec une ancienne porte voûtée de Vieux-Brisach, où l'on avait établi le dépôt des projectiles. Les travaux furent continués dans la journée du 1ᵉʳ novembre ; armées à 6 heures du soir, les batteries étaient prêtes à faire feu à 10 heures. Entre les batteries 2ᵃ et 3ᵃ on avait construit un abri blindé pour y installer un appareil télégraphique. Sur le Schlossberg on prépara, dans la nuit du 1ᵉʳ au 2, un emplacement pour les 6 canons de 9ᶜ de la batterie de sortie de Rastadt ; ces canons ne devaient entrer en action que si Vieux-Brisach était bombardé, et lancer dans ce cas des shrapnels sur le fort Mortier pour en rendre les remparts intenables.

La même nuit (du 1ᵉʳ au 2) on construisit les batteries 1, 2, 3, destinées à agir contre la place ; à droite et à une centaine de mètres en avant de chacune des batteries 1 et 3, on fit creuser, par des travailleurs d'infanterie, une tranchée qui devait être occupée de nuit par une compagnie. Le ciel était couvert, mais il faisait assez clair pour que le travail pût être convenablement dirigé; on creusa facilement le sol jusqu'à la profondeur de 0^m,50, mais au delà on trouva une couche de calcaire très-difficile à excaver. A 1 heure du matin, les plates-formes, enfoncées de 1 mètre, étaient terminées et l'on arma les batteries, mais non sans difficultés, le terrain étant fortement détrempé par les pluies. A 5 heures et demie cependant, l'armement était achevé et les munitions abritées. Les batteries de campagne avaient fourni les attelages nécessaires. Le travail ne fut nullement troublé par l'assiégé. Pour la première journée, les batteries furent approvisionnées comme il suit : batterie 1, 80 obus et 10 shrapnels par pièce; batterie 2, 60 obus par pièce; batterie 3, 60 obus et 5 shrapnels par pièce.

Ouverture du feu; combat d'artillerie (*2 novembre*). — A 7 heures du matin les trois batteries de la rive gauche ouvrirent le feu contre Neuf-Brisach et bientôt après les batteries badoises contre le fort Mortier. Le défenseur fut évidemment surpris et ne riposta qu'après un certain temps; il entra en lutte avec 6 pièces contre les batteries 1 et 2, avec 5 contre la batterie 3. La batterie 1 tirait avec 2 pièces contre la porte de Colmar et le moulin situé en avant, avec les 2 autres sur les contre-gardes 11 et 12; la batterie 2, sur les contre-gardes 10, 9, 16 et 15; la batterie 3, avec 2 pièces sur les contre-gardes 14 et 13, et avec les 2 autres contre la porte de Strasbourg. Les batteries 1 et 2 avaient un observatoire placé latéralement à 25 mètres environ; pour la batterie 3, l'observation se faisait du premier étage d'une maison isolée, située près de Biesheim. La pluie et le brouillard rendaient cette opération difficile; aussi ne put-on rectifier le tir qu'assez lentement. La porte de Colmar fut cependant atteinte par un grand nombre de projectiles, et le moulin en avant de la porte fut brûlé dans l'après-midi.

Des vignes et des jardins cachaient les batteries de siége aux vues de la place; elles eurent cependant à souffrir de son tir, particulièrement la batterie 1, dans laquelle 1 pièce fut démontée, 1 homme tué et 3 blessés par un même obus (¹).

L'assiégé qui avait ralenti son feu dans l'après-midi le reprit vigoureusement dans la soirée, sachant que c'était le moment où s'opérait le réapprovisionnement des batteries; plus tard, il le modéra de nouveau en se bornant presque exclusivement à un feu de mousqueterie.

De son côté, l'assiégeant n'entretint que faiblement son tir pendant la nuit, dont il profita pour améliorer les blindages, renforcer les parapets et approfondir les communications; il lança surtout des obus incendiaires contre les casernes et les bâtiments militaires pour troubler la garnison, et des shrapnels sur les remparts pour empêcher les travaux de défense. Vers 3 heures du matin, un incendie considérable éclata dans le voisinage de la porte de Colmar.

Le feu des batteries badoises n'eut que peu d'efficacité le premier jour, la pluie ayant rendu l'observation des coups trop difficile; de plus, les observateurs installés dans le clocher de l'église étaient trop éloignés des batteries, avec lesquelles ils n'étaient pas encore reliés par une communication télégraphique. Les batteries 1ª et 3ª tiraient trop court, la batterie 2ª trop long; aussi, vers 11 heures du matin on cessa le feu, qui ne fut repris que le lendemain, après la pose du fil télégraphique reliant les batteries à l'observatoire : elles avaient lancé environ 100 projectiles.

Le fort avait énergiquement répondu avec 5 pièces et continué à tirer, même après la cessation du feu de l'as-

---

(¹) Le coup atteignit la bouche de la pièce qu'on venait de charger; l'obus qui était dans l'âme éclata, la charge brûla, et l'affût recula jusque sur la rampe d'armement; la volée était fendue sur une longueur de plus d'un mètre.

siégeant; ses coups ne produisaient pas, d'ailleurs, d'effets considérables.

3 novembre. — Les batteries conservèrent les mêmes objectifs que la veille; elles lancèrent, de plus, des obus incendiaires contre les bâtiments de l'intérieur de la ville, dont plusieurs furent brûlés. La défense, qui avait renforcé son artillerie de plusieurs pièces placées sur les courtines, ripostait vivement et avec plus de justesse que le jour précédent.

Les batteries badoises recommencèrent leur tir à 7 heures du matin; la communication télégraphique facilita la rectification du tir; le fort répondait avec 4 pièces, dont l'une tirait sur Vieux-Brisach, où elle incendia une maison. La batterie badoise de 9e reçut alors l'ordre de prendre position dans l'emplacement 4^a, qui lui avait été préparé sur le Schlossberg, et de lancer des obus et des shrapnels contre les pièces du fort. L'assiégé tourna son tir contre cette nouvelle batterie; mais celle-ci, soutenue par les 3 autres, le réduisit au silence vers 10 heures et le força à chercher un refuge dans les casemates. A 9 heures et demie tous les bâtiments du fort étaient en flammes, sans que le défenseur pût songer à éteindre l'incendie.

Personne ne se montrant plus sur les remparts et les pièces restant silencieuses, on put croire qu'un coup de main contre le fort aurait quelque chance de succès. Vers 3 heures de l'après-midi, 2 compagnies s'avancèrent vers la face N.-O. du fort et parvinrent inaperçues presque jusqu'au chemin couvert; mais là, elles furent accueillies par un violent feu de mousqueterie et de mitraille, qui les rejeta derrière les maisons et les jardins situés au N. du fort.

Dans la nuit du 3 au 4, le feu fut entretenu avec modération par toutes les batteries; celui de la place, devenu très-intense vers le soir, rendit très-difficile le réapprovisionnement; pour les batteries 1 et 2, les munitions ne purent être amenées par les voitures que jusqu'à la communication, d'où on les transporta directement dans les petits magasins. La batterie 2 perdit quelques hommes et eut 2 pièces et 2 affûts détériorés, mais non hors de service; les plates-formes, dégradées par le tir des canons de 24 français, durent être refaites. Le canon de 15° court mis hors de service la veille fut retiré de la batterie 1, mais non remplacé.

Quelques détachements français se montrant encore pendant la nuit sur le terrain des attaques, les commandants des avant-postes reçurent l'ordre de les rejeter dans la place en poussant de fortes patrouilles jusqu'aux abords du chemin couvert. Dans la même nuit, l'artillerie prépara, derrière les rampes du pont éclusé du canal du Rhône au Rhin et derrière la butte de tir située contre la rigole de Widensohlen, les dépôts d'outils et de matériaux nécessaires pour les batteries à construire en arrière de la première parallèle; l'artillerie de campagne fournit 120 attelages pour ce travail. Tous les préparatifs pour l'attaque en règle étant achevés, le général de Schmeling résolut d'ouvrir la parallèle dans la nuit du 4 au 5.

4 novembre. — Le combat d'artillerie continua toute la journée; du point du jour jusqu'à 10 heures, le feu de la place fut très-violent et fit perdre quelques hommes à la batterie 2; vers midi, il se ralentit pour reprendre plus vivement à la tombée de la nuit. Le fort Mortier ne ripostait qu'avec 3 pièces; une 4° essaya vainement d'incendier les maisons au N. du fort. Après quelques heures de tir, les projectiles badois, particulièrement les shrapnels, devinrent si gênants pour les défenseurs, qu'ils se retirèrent dans les casemates. Vers midi, le dernier bâtiment du fort était brûlé de fond en comble.

L'artillerie de la place tenta de venir au secours de celle du fort en tirant contre la batterie du Schlossberg, mais elle n'atteignit que les maisons de Vieux-Brisach. Il parut néanmoins nécessaire à l'assiégeant de renforcer cette batterie pour contre-battre les pièces de Neuf-Brisach, et, dans la nuit du 4 au 5, on plaça à côté de l'emplacement 4ª 2 canons de 12ᶜ, qui ouvrirent le feu le 5 au matin.

La construction de la première parallèle et des batteries en arrière fut ajournée à cause du clair de lune; des tentatives faites entre 8 et 11 heures montrèrent que les travailleurs étaient trop exposés aux vues de la place pour que cette opération pût être exécutée avec succès, et le général de Schmeling se décida à attendre une nuit plus favorable, en continuant par l'artillerie la préparation de l'attaque en règle.

Comme l'approvisionnement des canons de 15ᶜ courts était assez restreint et qu'il fallait le réserver pour un tir en brèche éventuel, on retira un 2ᵉ canon de la batterie 1 et l'on y plaça 2 canons de 12ᶜ; on résolut de même de substituer, dans la batterie 3, à 2 canons de 15ᶜ courts 2 canons de 15ᶜ longs, aussitôt que ceux-ci seraient arrivés au parc. Les pièces furent approvisionnées dans les batteries à 80 coups par jour, plus 20 shrapnels par pièce de 12ᶜ.

Pour détourner l'attention de la défense du véritable point d'attaque, on établit dans la nuit quelques dépôts de batterie à l'O. de manière que l'assiégé pût les apercevoir nettement au matin suivant.

5 novembre. — Les batteries 1 et 2 reçurent l'ordre de tirer, la première avec ses 2 canons de 15ᶜ, la deuxième avec toutes ses pièces sur le magasin à poudre de la porte de Colmar, dont on avait ignoré jusqu'à ce moment l'existence; les 2 canons de 12ᶜ de la batterie 1 devaient battre le front 12-13 pendant le jour avec des obus, pendant la nuit avec des shrapnels.

La place ripostait vigoureusement et cherchait à détourner le tir des batteries du magasin à poudre.

En raison des pertes assez nombreuses éprouvées dans les batteries, on donna l'ordre d'épaissir les parapets, d'améliorer les blindages et d'approfondir les communications. Le feu de la place, qui avait beaucoup gêné le réapprovisionnement, cessa après 10 heures du soir, de sorte que les travaux ordonnés purent être exécutés sans danger. L'ouverture de la parallèle fut encore une fois différée, la nuit étant trop claire. Dans la journée était arrivé au parc un 5e canon de 24 français, comme rechange.

6 novembre. — Les batteries 1, 2, 3, continuèrent sans interruption leur feu contre la place, en tirant aussi contre les gorges des ouvrages en dehors des fronts d'attaque, pour ne laisser à la garnison de repos sur aucun point. Les canons de la forteresse se turent pendant presque toute la journée; l'assiégé avait subi dans la matinée une perte cruelle : le chef d'escadron Marsal, commandant de l'artillerie de la place, avait été mortellement frappé par un éclat d'obus ([1]).

En raison du retard apporté à l'ouverture de la parallèle, le lieutenant-colonel de Scheliha, commandant l'artillerie du corps de siége, avait proposé de renforcer de quelques mortiers le feu des batteries existantes, pour essayer d'amener la place à capituler, sans qu'on fût obligé d'exécuter les travaux de sape. Cette proposition avait été approuvée par le général en chef et, dans la nuit du 6 au 7 on prépara, au milieu des vignes, les dépôts d'outils et de matériaux pour 2 nouvelles batteries (4 et 5), dont la 1re devait

---

([1]) Le commandant Marsal, en dirigeant l'artillerie de la place avec la plus grande intelligence et la plus grande bravoure, avait été véritablement l'âme de la défense de Neuf-Brisach. Le capitaine du génie allemand, Wolff, dans l'histoire du bombardement de cette ville, considère sa mort comme l'une des causes principales de la capitulation ; le major Neumann, qui rend également hommage à l'héroïque officier, emprunte à deux témoins oculaires, MM. Risler et Laurent-Athalin, auteurs d'une histoire du siége, le récit de sa mort : « .....Un grand malheur allait frapper la garnison. Vers dix heures du matin, le commandant de l'artillerie, M. Marsal, est mortellement atteint; un obus vient éclater à ses pieds et lui enlève le bas-ventre. Il demande à être transporté à la porte de Strasbourg, où depuis peu était établie la direction d'artillerie. On va prévenir l'aide-major : « Allez avant tout chercher celui qui doit me succéder......» Bientôt ses officiers accoururent pour lui serrer la main; ils sentaient la perte immense qu'ils allaient faire. Le commandant mourut le lendemain. Ce devait être pour la place un coup mortel. C'était grâce à l'activité infatigable du commandant Marsal, grâce à son zèle patriotique, dont il sut animer ceux qu'il avait sous ses ordres, que la place s'était trouvée le jour du siége en état de faire une résistance sérieuse. C'était lui qu'à toute heure on voyait sur les remparts, allant d'un poste à l'autre s'assurer de l'exécution de ses ordres....... Par son énergique fermeté, le commandant Marsal eut constamment et jusqu'à sa dernière heure sous ses ordres des officiers dévoués et des soldats disciplinés,.........Ce grand caractère restera longtemps gravé dans notre souvenir.»

être établie entre les batteries 1 et 2 et la 2ᵉ à 250 mètres
environ à droite de la batterie 3. Dans la journée étaient
arrivés de Schlestadt 4 canons de 15ᶜ longs, qui furent
substitués le soir aux 2 derniers canons de 15ᶜ courts de
la batterie 1 et à 2 canons du même calibre de la batterie 3 ;
un convoi fut réexpédié à Schlestadt pour en ramener
6 mortiers français de 27ᶜ, destinés à l'armement des batteries 4 et 5.

Capitulation du fort Mortier (*7 novembre*). — Les pièces
du fort Mortier étaient entièrement réduites au silence et
l'on se disposait à tenter l'assaut, quand fut arboré le drapeau blanc ; la capitulation fut conclue dans la nuit du 6
au 7 ; à 4 heures et demie du matin, la garnison évacua
le fort et fut emmenée en captivité.

On occupa immédiatement le fort et on l'organisa pour
agir contre la place ; un pont de chevalets fut jeté sur le
bras du Rhin dit Biesheimer Rhein, et deux bacs, installés
sur le fleuve par les compagnies d'artillerie badoises avec
l'aide de bateliers, établirent la communication avec Vieux-
Brisach.

Le village de Volgelsheim, non occupé jusque-là, le fut
par le détachement du S., de sorte que du côté de l'E.
aussi, les avant-postes purent être poussés jusqu'à 600 mètres de la place. Les batteries de la rive droite furent désarmées ; on ne conserva que les 2 canons de 12ᶜ de
la batterie du Schlossberg. La batterie de sortie de Rastadt
quitta Vieux-Brisach le 8 novembre ; les 2 autres compagnies
partirent 8 jours plus tard, pour regagner leur garnison.

**Continuation du tir contre Neuf-Brisach et construc-
tion des batteries 4 et 5.** (*7 novembre*). — La chute du fort
Mortier ne parut pas avoir d'influence sur la défense de
la place, qui continua à tirer comme les jours précédents,
sans inquiéter d'ailleurs la nouvelle garnison du fort. Les
batteries de l'assiégeant conservèrent les mêmes objectifs.

Les mortiers de 27ᶜ français étant arrivés au parc dans

la journée, on procéda, dans la nuit du 7 au 8, à la construction des batteries 4 et 5. Les batteries voisines avaient reçu l'ordre de n'entretenir que faiblement leur feu pour ne pas attirer celui de la place ; à partir de 9 heures, celui-ci cessa complétement, et le travail ne fut plus troublé. Dans la batterie 4, le sol était facile à excaver, mais il n'en fut pas de même dans la batterie 5 ; on put cependant commencer les plates-formes vers minuit et armer vers 3 heures du matin. Chaque batterie reçut un approvisionnement de 180 bombes (60 par mortier).

8 novembre. — Les nouvelles batteries, prêtes à tirer à 4 heures du matin, ouvrirent le feu à 7 heures et demie. L'assiégé dirigea son tir contre elles, mais le modéra bientôt, le feu des batteries voisines le gênant beaucoup. La batterie 4 tirait avec 2 mortiers sur les contre-gardes 11 et 12 ; le 3ᵉ mortier n'avait pu être mis sur son affût, l'écartement des flasques étant insuffisant. Dans la batterie 5, l'un des mortiers était dirigé sur la contre-garde 12, et les 2 autres sur la contre-garde 13 ; leur tir, trop court d'abord, fut rectifié. Les fusées françaises qu'on employa fonctionnèrent très-bien ; plusieurs incendies éclatèrent dans la ville.

L'ouverture de la première parallèle avait été encore une fois ajournée. On retira de la batterie 3 les 2 derniers canons de 15ᶜ courts, qui y avaient été maintenus jusquelà, afin de les réserver pour la dernière période du siége, si la résistance se prolongeait, et on les remplaça par 2 canons de 12ᶜ, auxquels on assigna le même objectif; ils devaient, en outre, ultérieurement prendre à dos les contre-gardes 9 et 16. Leur approvisionnement fut fixé à 80 obus et 5 shrapnels par pièce et par jour. Tous les canons de 15ᶜ courts étaient ainsi rentrés au parc.

9 novembre. — Pendant toute la journée et la nuit suivante, les pièces des bastions, plusieurs fois démontées, reprenaient de temps en temps leur tir, mais ne purent jamais le continuer bien longtemps ; les pièces des courtines, au contraire, furent plus difficiles à réduire au silence. Le feu de mousqueterie ne cessa jamais et gêna beaucoup les batteries de siége.

La lutte pouvant vraisemblablement encore se prolonger, on réduisit à 40 coups par pièce et par 24 heures l'approvisionnement des canons de 15ᵉ longs, à 50 celui des canons de 24 français et à 35 (dont 20 pour la nuit) celui des mortiers.

Capitulation (*10 novembre*). — Dans la matinée du 10, l'assiégé n'envoya que quelques rares projectiles ; de l'extérieur on entendit dans la ville des cris et des détonations, ce qui fit supposer qu'il y avait une émeute et qu'on détruisait les munitions ; on activa en conséquence le feu contre la place. A 1 heure et demie, on vit flotter le drapeau blanc sur le clocher de l'église et sur les remparts ; la capitulation fut signée à 6 heures du soir. Le lendemain 11, la garnison quitta la place, qui fut occupée par les troupes allemandes. Les batteries furent désarmées, les pièces ramenées au parc, nettoyées et remises en état. Dès le 13 novembre, la 4ᵉ division de réserve fut dirigée sur Vesoul. L'artillerie de siége bavaroise et la 1ʳᵉ division d'artillerie de forteresse prussienne furent envoyées au siége de Belfort ; la 2ᵉ retourna à Strasbourg.

État de la ville et du fort Mortier après la capitulation. — Des 280 maisons de la ville, 58 étaient démolies totalement, 67 en partie, et 120 avaient plus ou moins souffert ; 15 seulement restaient intactes. Les casernes avaient été fort abîmées ; le magasin à poudre de la porte de Colmar était dans le plus triste état ; la continuation du tir en aurait certainement amené l'explosion.

Les ouvrages de la fortification, excepté les tours 3 et 5 et les portes de Strasbourg et de Colmar, qui étaient fortement dégradées, avaient relativement peu souffert.

Armement et objectifs des batteries construites devant Neuf-Brisach.

Numéros des batteries.	ARMEMENT.	OBJECTIFS PRINCIPAUX.	DISTANCES.
1	4 canons de 12ᶜ courts. (Plus tard, 2 de 15ᶜ c. et 2 de 12ᶜ). (Plus tard encore, 2 de 15ᶜ l. et 2 de 12ᶜ).	Contre-gardes 12 et 11, demi-lune 19, porte de Colmar; courtine 3-4.	mètres. 1 800 environ.
2	4 canons de 24 français.	Contre-gardes 10, 9, 16, 15. Magasin à poudre derrière le bastion 3; arsenal et casernes.	1 900 à 2 600
3	4 canons de 15ᶜ courts. (Plus tard, 2 de 15ᶜ c. et 2 de 15ᶜ l.) (Plus tard encore, 2 de 15ᶜ longs et 2 de 12ᶜ).	Contre-gardes 13, 14, 15, 16, porte de Strasbourg; casernes.	2 100 à 2 800
4	3 mortiers de 27ᶜ français.	Contre-gardes 11 et 12; magasin à poudre derrière le bastion 3.	1 900 à 2 000
5	3 mortiers de 27ᶜ français.	Contre-gardes 12 et 13.	2 000 et 1 900
1ᵃ	4 mortiers de 60 livres.	Fort Mortier.	1 500
2ᵃ	4 canons de 15ᶜ longs.	Escarpes, bâtiments et bouches à feu du fort.	1 500
3ᵃ	4 canons de 12ᶜ.	Bâtiments et bouches à feu du fort.	1 200
4ᵃ	6 canons de 9ᶜ. 2 — de 12ᶜ.	Idem.	1 100

On trouva dans la place 118 bouches à feu (¹), 124 affûts,

(¹) Le tableau suivant en fait connaître le nombre par espèce et par calibre:

CANONS RAYÉS DE				CANONS LISSES			OBUSIERS DE		MORTIERS DE		
24 de pl.	12 de pl.	12 de s.	4 de c.	de 16.	de 8.	c. ob. de 12.	22 c.	15 c.	27 c.	22 c.	15 c.
7	8	16	11	24	4	18	5	11	6	2	6

14000 projectiles pour canons rayés, 69000 pour canons
lisses, 3000 fusils à tabatière, 10000 fusils lisses, 270 fusils
Chassepot, 3 millions de cartouches, 24000 kilogrammes
de poudre. Un grand nombre de pièces avaient été enclouées, beaucoup de fusils mis hors de service et une
grande quantité de poudre noyée. Des 102 pièces placées
sur les remparts, 12 avaient leurs affûts brisés.

Dans le fort Mortier, tous les bâtiments étaient démolis,
mais les casemates, la porte et le pont étaient encore en
bon état et les dégradations de l'escarpe n'avaient pas
grande importance. Les parapets et les traverses étaient
fortement entamés et en partie rasés. Des 7 pièces qu'on
avait trouvées dans le fort (3 canons rayés de 12 de place,
1 obusier de 15ᶜ, 1 canon lisse de 16, 2 mortiers de 22ᶜ),
6 étaient démontées ; l'obusier de 15ᶜ, couvert par une
traverse, était seul en état de tirer.

Munitions consommées par les assiégeants. — Les batteries 1 à 5 avaient lancé contre Neuf-Brisach, du 2 au
10 novembre, plus de 5000 projectiles, savoir :

Obus allongés de 15ᶜ.	1180			
Obus de 15ᶜ	1166	2663		
Obus incendiaires de 15ᶜ	240			
Shrapnels de 15ᶜ	77			5176([1])
Obus de 12ᶜ	586	708		
Shrapnels de 12ᶜ	122			
Obus de 24 français	1397	1805		
Bombes de 27ᶜ françaises	408			

On peut ajouter à ces nombres 450 obus de 8ᶜ et de 9ᶜ,
tirés lors du bombardement du 7 octobre par les batteries
de campagne.

Contre le fort Mortier, les batteries badoises avaient
tiré, du 2 au 6 novembre, environ 3500 projectiles, savoir:

([1]) Les situations établies au parc indiquent une consommation un peu différente,
5730 projectiles.

$$\left.\begin{array}{lr}
\text{Obus de } 15^{\text{c}} \ldots \ldots \ldots \ldots & 1119 \\
\text{Obus de } 12^{\text{c}} \ldots \ldots \ldots \ldots & 1328 \\
\text{Obus de } 9^{\text{c}} \ldots \ldots \ldots \ldots & 548 \\
\text{Obus incendiaires de } 9^{\text{c}} \ldots \ldots & 37 \\
\text{Shrapnels de } 9^{\text{c}} \ldots \ldots \ldots & 88 \\
\text{Bombes de 60 livres} \ldots \ldots \ldots & 394
\end{array}\right\} 3514$$

Pertes éprouvées par les assiégeants. — Pendant les opérations du siége, les troupes de la 4ᵉ division de réserve devant Neuf-Brisach perdirent 4 officiers et 78 hommes; dans les batteries de siége de 1 à 5, l'artillerie eut 4 hommes tués et 21 blessés, et dans les batteries de 1ᵃ à 4ᵃ, l'artillerie badoise 1 tué et 1 blessé.

Les pertes du matériel par le feu de l'ennemi se bornaient à un canon de 15ᶜ court démonté le 2 novembre; quelques affûts avaient été atteints par des projectiles, mais n'étaient pas hors de service. Les affûts des mortiers français, quoique détériorés dans le tir, avaient continué à servir. Dans les batteries badoises, 2 canons de 12 avaient été dégradés par leur propre tir et il s'était produit de telles érosions qu'on avait dû les remplacer; les fermetures d'un 3ᵉ canon de 12ᶜ et de 3 canons de 15ᶜ avaient été également mises hors de service.

P. Huter, *capitaine d'artillerie.*

SIÉGE DE BELFORT(¹)

D'après l'ouvrage : *Die Belagerung von Belfort im Jahre 1870-1871*, von CASTEN-HOLZ, Hauptmann à l. s. des Rheinischen Fuss-Artillerie-Regiments Nr. 8, Unter-director der Geschützgiesserei Spandau. — Berlin, Vossische Buchhandlung. 1875-1876.

Situation et importance de la place de Belfort. — État de la fortification en 1870. (Pl. I.) — La place de Belfort est située au milieu d'une région relativement peu élevée, accidentée, qui forme entre les Vosges et le Jura, sur une longueur de 35 kilomètres, ce qu'on appelle la *trouée de Belfort*. Cet intervalle entre des obstacles naturels, fort difficiles à franchir, est le passage pour ainsi dire obligé de voies de communication d'une grande importance (chemins de fer de Mulhouse à Paris et de Belfort à Lyon, grandes routes de Bâle à Paris, de Strasbourg à Lyon, d'Épinal à Montbéliard, canal du Rhône au Rhin, etc.). Cette situation donne à la place de Belfort une haute valeur *stratégique* et permet à une armée française de la prendre soit comme point d'appui pour défendre contre une invasion allemande le centre et le midi de la France, soit comme point de départ d'opérations offensives contre l'Allemagne du Sud.

La ville est construite sur la rive gauche de la Savou-reuse, rivière peu importante, presque partout guéable, qui coule du N. au S. Sur la rive droite se trouvent les faubourgs du Magasin, des Ancêtres, de France et de Montbéliard.

(¹) Afin de ne pas allonger outre mesure ce résumé, on a dû se borner, en ce qui concerne les travaux de la défense, à ne reproduire que les indications absolu-ment indispensables à l'intelligence des opérations ; ces travaux se trouvent d'ailleurs décrits de la manière la plus complète et la plus détaillée dans les deux ouvrages suivants, qui sont entre les mains de beaucoup d'officiers et qui ont obtenu, lors de leur publication, un légitime succès : *La Défense de Belfort*, écrite sous le con-trôle de M. le colonel DENFERT-ROCHEREAU, par MM. Édouard THIERS, capitaine du génie, et S. DE LA LAURENCIE, capitaine d'artillerie. Paris, A. Le Chevalier. 1871. — *Étude technique sur le service de l'artillerie dans la place de Belfort pen-dant le siége de 1870-1871*, par S. DE LA LAURENCIE. Paris, Berger-Levrault. 1872.

Les hauteurs qui forment les flancs de la vallée présentent généralement des croupes allongées dans la direction du S.-O. au N.-E. Ce sont, à l'E., les collines du Bosmont, des Perches, de la Justice et de la Miotte ; à l'O. Bellevue, les Barres et le plateau boisé du Mont.

La fortification se composait, en 1870 :

1º De l'enceinte de la ville,

2º Du Château,

3º Du fort de la Justice,

4º Du fort de la Miotte,

5º Du camp retranché.

L'enceinte de la ville, construite par Vauban, a la forme d'un pentagone assez régulier dont les côtés ont 220 à 250 mètres. Elle se compose de longues courtines en ligne droite, flanquées par des tours en maçonnerie placées aux angles et couvertes par des contre-gardes. Le Château, situé sur un escarpement qui termine au S.-O. la crête de la Justice, domine la ville de 50 à 60 mètres ; il est formé de trois enceintes concentriques dont chacune se compose de deux fronts bastionnés. A l'intérieur, s'élève un cavalier à deux étages de feux protégé contre les coups de revers par une caserne en bonne maçonnerie, recouverte de terre. Le fort de la Justice, plus élevé que le Château d'une vingtaine de mètres, bat les pentes de la hauteur sur laquelle sont établis les deux ouvrages. Enfin le fort de la Miotte, dominant de 10 mètres environ celui de la Justice, occupe le sommet d'escarpements qui le rendent presque inabordable du côté de la campagne. Ces deux derniers ouvrages sont reliés entre eux et à la ville par des retranchements qui suivent les crêtes et couronnent des escarpements inaccessibles. L'espace ainsi entouré constitue le *camp retranché.*

Un grand nombre de casemates et de casernes ou magasins voûtés permettent de mettre à l'abri d'un bombardement les troupes et les munitions.

La forme générale de l'ensemble de la fortification est

celle d'un rectangle allongé du S.-O. au N.-E. ; les deux côtés qui regardent le N.-O. et le N.-E., défendus par des pentes très-raides, sont inattaquables. Le côté de la ville est lui-même efficacement protégé par la Savoureuse, qui coule au milieu de prairies basses où l'eau se trouve très-près du sol. Enfin, au S.-E., si l'assaillant dirige ses cheminements contre la Justice, il est gêné à droite par la disposition des pentes qui l'empêche de se développer, et à gauche par les feux d'enfilade et de revers du Château ; après la chute du fort, il lui reste encore à prendre la ville. Le Château est, au contraire, la clef de la place ; il peut être battu directement et à dos par l'artillerie établie sur les hauteurs des Perches, de Bellevue et des Barres ; un pli de terrain permet de défiler les travaux d'approche des feux de la Justice, sur la rive gauche de la Savoureuse.

Pour couvrir cet unique point d'attaque, on avait, depuis longtemps, formé le projet d'occuper les hauteurs dangereuses sur lesquelles l'assiégeant devait nécessairement chercher à s'établir. Au moment de la déclaration de guerre, on terminait la construction du fort des Barres, composé de deux fronts bastionnés d'un relief considérable, et on travaillait à couvrir les faubourgs par un rempart en terre. En même temps on commençait, sur les hauteurs des Perches, deux ouvrages de fortification passagère, et un troisième sur le plateau de Bellevue; les deux premiers seuls étaient à peu près achevés lors de l'arrivée des Allemands.

L'armement de sûreté était en position, sauf dans la redoute de Bellevue, mais il restait encore à faire de nombreux et importants travaux, à mettre les abris en état de résister à un bombardement, à organiser l'armement de défense.

Au début du siége, la garnison se composait de 3 800 hommes de troupes régulières, dont 1 000 canonniers, et de 12 000 gardes mobiles ou mobilisés, dont un millier de canonniers (5 batteries). La place possédait 341 bouches à feu, dont 137 rayées ; ces dernières n'étaient approvisionnées qu'à raison de cinq ou six cents coups par pièce ; il n'y avait, en outre, que quelques centaines d'obus à balles de 4 et de 12. Pour augmenter cet approvisionnement, le colonel Denfert, commandant la place, fit établir dans la ville une fonderie qui parvint, vers la fin de novembre, à fournir une centaine de projectiles par jour; mais, en raison de la mauvaise qualité des matières premières, beaucoup de ces obus se trouvèrent défectueux.

Investissement. — La 1re division de réserve de l'armée allemande, devenue disponible après la chute de Strasbourg, fut chargée, le 28 octobre, d'investir la place de Belfort, avec une partie des troupes de la 4e division de réserve; elle devait en même temps se maintenir en communication avec le général de Werder, qui allait opérer dans la direction de la haute Seine. Le corps d'investissement, composé de 11 bataillons, 4 batteries, 7 escadrons, sous les ordres du général de Tresckow, se mit en marche le 30 octobre sur 3 colonnes qui opérèrent leur jonction le 3 novembre, devant Belfort, après avoir livré les combats de Roppe, de Gros-Magny et d'Éloie aux troupes de la garnison. Comme l'effectif dont on disposait était assez restreint, on dut n'avancer qu'avec la plus grande circonspection, en se tenant sur la défensive et en occupant seulement par des postes les villages situés à 5 ou 6 kilomètres des ouvrages; on se contentait de faire observer par la cavalerie et parcourir par des patrouilles les espaces intermédiaires. Le terrain boisé qui s'étend au N. de la place était très-difficile à surveiller, et il fut impossible, pendant toute la durée du siége, de rendre le blocus assez étroit pour empêcher le passage d'émissaires. Par suite de ces circonstances, la dispersion des troupes était telle qu'il aurait fallu deux jours pour les concentrer. Il en résultait un danger permanent, qui nécessitait une vigilance très-pénible, et de grandes difficultés pour les approvisionnements de toute nature.

Dès le début de la lutte, l'assiégé déploya une activité infatigable pour la défense du terrain extérieur. Presque

tous les jours il y eut des engagements aux avant-postes,
et souvent des sorties soutenues par une batterie mobile ;
il fallait mettre continuellement sur pied les troupes cantonnées, et se servir de l'artillerie de campagne pour repousser les entreprises de l'assiégé. En même temps le
canon de la place inquiétait nuit et jour, par un tir à grandes
distances, toutes les positions occupées.

Cependant on avait reconnu la place : on était informé
qu'elle était bien commandée, abondamment approvisionnée en vivres, et on savait, d'après les plans et les
documents envoyés de Berlin ou trouvés dans Strasbourg
aux archives du génie, que les ouvrages contenaient un
grand nombre d'abris à l'épreuve. Il était donc probable
qu'un simple blocus ou un bombardement ne suffirait pas
pour réduire Belfort, et il fallait se décider à une attaque
régulière. Après la prise de Neuf-Brisach, qui ouvrait, à
partir du 11 novembre, les communications en arrière et
rendait disponibles de nouvelles ressources en personnel
et en matériel, le général de Tresckow demanda l'envoi de
renforts et d'un parc de 100 bouches à feu.

Combat de Bessoncourt. — Le 15 novembre, le colonel
Denfert apprit que les troupes du corps de siége, inquiétées
par le feu des forts, avaient éloigné leurs cantonnements
du côté de l'E. et n'occupaient plus que par des postes les
villages de Bessoncourt et de Chèvremont. Il résolut de
tenter une sortie dans cette direction pour troubler l'assiégeant et rompre momentanément ses lignes. Les Français
engagèrent environ 3 bataillons soutenus par une demi-
batterie (2 pièces de 4 et 1 de 12) qui vint se placer à
côté du bois de Merveaux, et par l'artillerie des forts.
Deux pièces allemandes vinrent s'établir sur la hauteur, à
gauche de Bessoncourt ; mais cette section, battue de
toutes parts, perdit en trois quarts d'heure la plus grande
partie de son effectif (2 officiers, 2 sous-officiers, 8 canonniers, 14 chevaux) et dut laisser une de ses pièces sur
le terrain jusqu'à l'arrivée d'attelages de renfort. Une

deuxième section, envoyée de Bethonvilliers et mise en batterie à droite de Bessoncourt sur un emplacement préparé à l'avance, ne put tirer que 6 coups et abandonna aussitôt la position. Cependant les troupes de soutien étaient arrivées et le feu de l'infanterie devint assez intense pour décider l'assiégé à la retraite.

Le canon de la forteresse continua à tirer jour et nuit, particulièrement sur Bessoncourt, qu'on fut obligé d'évacuer en partie, puis sur Sévenans, que l'assiégé croyait occupé par le quartier général.

Opérations préliminaires du siége. — Le matériel de siége et les troupes spéciales commencèrent à arriver en plusieurs colonnes (¹) à partir du 16 novembre; le parc d'artillerie fut établi provisoirement à la Chapelle-sous-Rougemont. Le 22 novembre, il y avait devant Belfort : 5 compagnies d'artillerie de forteresse avec 18 bouches à feu (4 canons de 15ᶜ longs, 4 de 15ᶜ courts, 4 canons de 24 de place français, 6 canons de 9ᶜ de siége) et un approvisionnement de 100 coups par pièce ; 4 compagnies de pionniers de forteresse avec le parc du génie.

A cette date, l'armée de siége, augmentée des renforts qui lui étaient successivement arrivés, comprenait 18 bataillons, 8 escadrons et 5 batteries (environ 21 000 hommes), mais des détachements à Mulhouse, Montbéliard et Lure réduisaient le corps d'investissement à 14 bataillons, 3 escadrons et 3 batteries. Le lieutenant-colonel de Scheliha prit le commandement de l'artillerie de siége, le général de Mertens celui du génie.

Pour utiliser immédiatement une partie des ressources qu'on recevait et renforcer la ligne d'investissement du côté de l'E., où la disposition du terrain facilitait les entreprises de l'assiégé, on ordonna la construction de deux batteries. La première, destinée à 4 pièces de 9ᶜ de siége,

---

(¹) Les convois ne pouvant recevoir d'escorte d'infanterie, on arma les canonniers de fusils pour les mettre en état de repousser les attaques des francs-tireurs de la Haute-Alsace ; chaque compagnie d'artillerie reçut 50 fusils français (à tabatière) et 30 cartouches par fusil.

devait être placée près de Roppe, au N. de la route de Strasbourg, en face du chemin qui conduit à Ménoncourt. La deuxième devait occuper une hauteur, à 5 000 mètres à l'E. de Bessoncourt, près de la route de Bâle, et recevoir 2 canons de 9°. Le travail fut exécuté dans la soirée du 21 novembre, l'armement mis en position le 22 et chaque pièce approvisionnée avec 60 obus, 20 shrapnels et 5 boîtes à mitraille. On éprouva d'assez grandes difficultés parce que le sol argileux était détrempé par la pluie. L'éloignement empêcha la place de remarquer cette opération. Le service et la garde de ces deux batteries, qui n'eurent d'ailleurs pas l'occasion de tirer, fut confié d'abord à 2 compagnies d'artillerie, puis à une seule, cantonnée en partie à Ménoncourt et en partie à Phaffans. En même temps, les troupes du génie étaient employées à la préparation des chemins nécessaires dans le rayon de l'investissement.

Choix du plan d'attaque. — Les renforts arrivés permettaient de passer de la défensive à l'offensive, mais ils étaient encore insuffisants pour un siége régulier qui paraissait devoir présenter de grandes difficultés. La garnison semblait résolue et active ; elle disposait d'un armement puissant. L'unique point d'attaque était très-fortement organisé, et l'assiégé, en construisant des ouvrages provisoires qui en défendaient encore l'approche, s'était donné les éléments d'une longue résistance.

D'autre part, il importait de ne pas laisser au défenseur le temps de perfectionner ses ressources ou de faire des tentatives pour rompre les lignes allemandes et donner la main à des partis venant de Besançon. Il était urgent aussi de relever le moral des troupes, fatiguées par des alertes continuelles et par le tir que la place dirigeait sans cesse sur leurs positions.

Dans cette situation, le général de Tresckow dut se décider à déterminer le plan d'attaque ; mais sur cette importante question les avis des commandants de l'artillerie et du génie étaient partagés.

Les reconnaissances faites par les officiers d'artillerie avaient convaincu le colonel de Scheliha que, dans les conditions où l'on se trouvait et avec les faibles ressources du parc, ce n'était que du côté de l'O. qu'on pouvait bombarder avec quelque chance de succès la forteresse, battue ainsi de flanc et à revers ; de ce côté seulement la nature du terrain ne paraissait pas trop défavorable à la construction des batteries ; partout ailleurs on trouvait un terrain pierreux ou le roc à fleur de terre.

Le général de Mertens pensait, au contraire, qu'un résultat décisif ne serait obtenu que par une attaque en règle au S., contre les Perches ; que ce n'était qu'une fois maître de ces hauteurs qu'on pourrait anéantir l'artillerie du Château, qui était la clef de la place.

En présence de ces deux opinions opposées, le commandant du corps de siége se demanda s'il valait mieux attendre, comme l'exigeait une attaque en règle, que la totalité du parc de siége fût réunie devant Belfort, pour entrer en action avec une imposante masse d'artillerie, ou s'il ne serait pas préférable d'engager successivement les divers groupes de bouches à feu au fur et à mesure de leur arrivée.

Ce fut ce dernier avis qui prévalut dans la conférence du 22 novembre : il était commandé par la situation générale de la ligne d'investissement en face d'un défenseur énergique et audacieux, par la nécessité de ne pas laisser s'ébranler la confiance des troupes, enfin par l'approche de l'hiver. Le général de Tresckow espérait par le bombardement, sinon amener une capitulation, ruiner du moins les principales défenses de la ville et préparer les attaques régulières, en vue desquelles il demandait, dès ce moment, au général de Moltke que le corps de siége fût porté à 25 bataillons et qu'on se mît en mesure de lui envoyer le nombre de bouches à feu nécessaire pour compléter son parc à 120 pièces.

Comme on vient de le dire, le terrain environnant la

place était presque partout défavorable à la construction de batteries, sauf le côté O. qui paraissait abordable sans trop de difficultés ; le plateau du Mont semblait devoir offrir à l'artillerie une position convenable, située à bonne distance des remparts, qu'elle domine de 50 mètres, et permettant d'enfiler ou de prendre à revers les ouvrages du point d'attaque ; mais elle était occupée par l'assiégé qu'il fallait refouler en resserrant la ligne d'investissement.

Resserrement de la ligne d'investissement. — Le 22 novembre on occupa le village de Valdoie, et le 23 on attaqua Cravanche et Essert dont on s'empara, ainsi que la hauteur du Mont où le défenseur se maintint jusqu'au lendemain, ne cédant qu'à une deuxième tentative soutenue par deux pièces de campagne en batterie près de Valdoie. Le même jour (23), la garnison fit une sortie dans la direction de Sévenans ; 4 bouches à feu qui appuyaient cette démonstration furent contre-battues par deux sections allemandes ; mais l'une de ces dernières fut prise en flanc par l'artillerie des forts et forcée à la retraite. La nuit mit fin au combat. Pendant tout ce temps, la place tirait avec violence sur les positions conquises par les assiégeants.

Avant d'entreprendre la construction des batteries, il parut encore nécessaire d'occuper Bavilliers. Le 28 novembre, ce village fut emporté par 3 bataillons, après avoir été canonné par quatre pièces de campagne qui tiraient, à 800 mètres, de la hauteur située au N. d'Urcerey et à l'E. de la route de Bavilliers. L'assiégé tenta vainement un retour offensif. Ces différentes opérations, le rapprochement des lignes allemandes vers le front O. et les travaux exécutés par les assiégeants pour fortifier leurs nouvelles positions, firent croire au défenseur qu'on préparait une attaque régulière contre la redoute de Bellevue ; il se hâta de renforcer l'armement de cet ouvrage.

Le 25 novembre, on fit préparer, à 2 000 mètres au S. de Chèvremont, un emplacement muni de magasins et d'abris sûrs qu'on arma de deux canons de 9ᶜ destinés à balayer le pli de terrain situé entre les Perches et le Bosmont; on voulait ainsi empêcher la garnison de la ville ou des ouvrages de venir porter secours aux postes avancés, dont on avait l'intention de s'emparer prochainement. Le travail, commencé à 5 heures et demie, fut terminé à 10 heures et demie, sauf les abris et les plates-formes; l'armement, qu'on fit venir de l'épaulement construit à Roppe, ne fut mis en place que plus tard, quand la position présenta une sécurité suffisante. Chacune des deux pièces fut approvisionnée à 60 obus, 20 shrapnels et 10 boîtes à mitraille.

Préparatifs pour le bombardement. — Cependant on complétait l'organisation du parc. On avait reçu, le 23 novembre, 2 batteries de forteresse bavaroises avec 154 voitures de munitions, et, le 24, 2 compagnies prussiennes avec 5 mortiers français de 27ᶜ, 6 canons de 12ᶜ et 250 voitures chargées de munitions et de matériel de plates-formes. Le 30 novembre et le 1ᵉʳ décembre arrivèrent encore 2 compagnies d'artillerie de forteresse wurtembergeoises et une prussienne, avec 7 canons de 15ᶜ courts, 8 de 12ᶜ et un canon français de 24 de place, avec des munitions, des fusils de rempart, des outils à pionniers, des affûts, forges, etc.

Il y avait ainsi devant Belfort, au commencement de décembre, 12 compagnies d'artillerie de forteresse (8 prussiennes, 2 bavaroises, 2 wurtembergeoises). Le matériel de siége se composait alors de :

11 canons de	15ᶜ	longs	⎫
4 —	15ᶜ	courts	⎪ allemands;
14 —	12ᶜ		⎬
6 —	9ᶜ		⎭
5 canons de 24 de place			⎱ français.
5 mortiers de 27ᶜ			⎰

Total : 45 bouches à feu.

L'approvisionnement comprenait :

150 coups pour chaque canon de 15ᶜ court,
200 — — — 15ᶜ long,
200 — — — 12ᶜ,
100 — — — 9ᶜ,

et une petite quantité de shrapnels pour les 3 calibres.
On avait en outre pour les pièces françaises :

100 coups pour chaque canon de 24
et 150 à 200 — — mortier de 27ᶜ.

Quand on fut décidé à commencer les attaques du côté O. de la place, on choisit, pour l'établissement du parc, une position située au N. de Châlonvillars, à 5 000 mètres des ouvrages, couverte par des hauteurs et des bois. Le matériel y fut réuni pendant les derniers jours de novembre : il avait fallu employer, pour le transporter de Neuf-Brisach à Châlonvillars, 1 500 attelages à deux chevaux.

Construction des batteries d'Essert (nᵒˢ 1 à 7). — On avait eu l'intention, comme il a été dit précédemment, d'établir les premières batteries sur la hauteur du Mont, mais quelques essais exécutés par les pionniers firent reconnaître l'existence du roc à moins de 50 centimètres de profondeur ; de plus, la raideur des pentes aurait rendu le réapprovisionnement des batteries très-difficile. On se décida en conséquence à les construire plus bas, au S. de la route d'Essert à Belfort, malgré l'inconvénient qu'il y avait à se placer en avant du débouché du village, parce que cette position facilitait beaucoup le réapprovisionnement, pour lequel on ne disposait que de moyens de transport insuffisants. Une seule batterie devait être établie sur la pente S. du Mont, où le roc était recouvert d'une couche de terre assez épaisse.

Pour assurer la sécurité du travail, on concentra, le 1ᵉʳ décembre, 11 bataillons entre Frahier et Essert, ce qui dégarnit complétement certains points de la ligne d'investissement. Dans la nuit du 2 au 3, par un froid assez vif, on construisit 7 batteries, en même temps qu'on exécutait en arrière d'elles des tranchées pour les troupes de soutien. Ces batteries reçurent l'armement suivant :

Batterie 1 : 4 canons de 12ᶜ (contre Bellevue),
— 2 : 2 canons de 15ᶜ courts et 2 de 12ᶜ (contre les Basses-Perches),
— 3 : 4 canons de 15ᶜ courts (contre le fort des Barres),
— 4 : 4 canons de 15ᶜ longs (contre le fort des Barres et la ville),
— 5 : 4 canons de 12ᶜ (contre le fort de Barres et la ville),
— 6 : 4 mortiers français de 27ᶜ (contre les Barres et Bellevue),
— 7 : 4 canons français de 24 (contre le Château).

L'approvisionnement du premier jour fut de 50 obus ou bombes par bouche à feu, plus 10 shrapnels par canon prussien, et un certain nombre de cylindres de roche à feu pour le cas où l'on voudrait lancer des projectiles incendiaires.

Pendant cette nuit, la place tira dans la direction de l'O., sur le Mont, puis sur Essert, où furent incendiées quelques maisons, mais le travail ne fut pas troublé.

Ouverture du feu (3 décembre). — Le 3, de grand matin, les batteries étaient prêtes à faire feu avec toutes leurs pièces, à l'exception d'un canon de 24 français sur affût de place, qui avait versé en route et ne put être mis en position dans la batterie que le 4 au soir. Quelques blindages n'étant pas encore suffisamment recouverts de terre ni les communications complétement assurées, le colonel de Scheliha fit retarder l'ouverture du feu jusqu'à ce qu'il fît grand jour. A 8 heures, au signal donné par la batterie 5, commença un feu violent contre la place et les ouvrages ; les distances de tir pour les différentes batteries variaient entre 1 500 et 3 400 mètres. L'assiégé ne riposta pas immédiatement; il ne tarda cependant pas à entrer en action, d'abord avec quelques pièces de Bellevue et du fort des Barres, et bientôt après avec l'artillerie des Basses-Perches, de l'enceinte, du camp retranché et du Château, plus tard même avec celle des forts de la Miotte et de la Justice, éloignés de 4 500 mètres ; son feu causa des pertes sensibles à l'assiégeant. Vers midi, le tir de Bellevue et des Barres se ralentit, mais le Château et les forts plus éloignés continuèrent énergiquement le leur jusqu'au soir.

Les batteries de siége avaient eu quelque peine à régler leur tir ; la neige, qui tomba dans l'après-midi, rendit l'observation des coups difficile ; de plus, la poudre employée donnait des portées inférieures de plusieurs centaines de mètres aux portées indiquées dans les tables de tir ; c'est ainsi que dans la batterie 7, les canons de 24 français sur affûts de place ne purent atteindre le Château, quoiqu'on eût organisé leurs affûts de manière à pouvoir tirer sous l'angle de 11° ; le tir de cette batterie ne fut pas réglé avant le 10 décembre. Les Hautes-Perches étaient également restées hors d'atteinte.

Pendant la nuit, le feu fut continué sans interruption de part et d'autre, l'assiégé ne tirant plus que du fort des Barres, de Bellevue et de l'enceinte. Le 4 au matin, les Barres et Bellevue dirigèrent contre les batteries un feu très-vif, mais le 5 celui des Barres se modéra et Bellevue se tut complétement.

Depuis le 3 décembre, le quartier général du corps de siége était transporté à Fontaine, à 10 kilomètres à l'E. de la place ; le colonel de Scheliha resta avec son état-major à l'O. et s'établit à Frahier.

Combats au S. de la place. — Les deux premiers jours de tir avaient fait reconnaître que l'adversaire le plus redoutable de l'attaque était le Château, et qu'il était nécessaire de contre-battre énergiquement cette position centrale avec toutes les pièces de 15ᵉ disponibles ; le colonel de Scheliha songea donc à renforcer par de nouvelles batteries celles qui existaient déjà, et le 4 décembre au soir il reconnut pour leur établissement une position favorable au N. de Bavilliers. Mais la sécurité de ces batteries exigeait qu'on fût au préalable complétement maître du terrain sur leur droite : on tenta donc contre Andelnans, dans la soirée du 8 décembre, une attaque qui échoua ; il en fut de même d'une tentative de surprise contre Bellevue le 9, mais la Tuilerie resta aux mains des assaillants qui l'organisèrent défensivement. Dans une conférence qui eut lieu le 12 décembre, on résolut d'attaquer énergiquement, le lendemain au soir, Andelnans, le Grand-Bois et le Bosmont. Cette triple attaque devait être préparée par une batterie établie à 2 600 mètres au S. de Danjoutin, sur la route de Montbéliard, et armée de 4 pièces de 9ᶜ retirées de l'emplacement de Roppe ; cette batterie (n° 8), commencée le 11 au soir, fut terminée le 13 ; pendant sa construction, la batterie 2 dirigea une partie de son feu contre Danjoutin.

L'assiégé, de son côté, avait fait des sorties, le 9 et le 10, au N. contre le bois d'Arsot et contre Offemont ; le 13, il attaqua vigoureusement Bavilliers, bouleversa les dépôts de batterie qui avaient déjà été préparés non loin de là, et se retrancha dans le bois voisin. Mais l'attaque dirigée le 13 au soir par les Allemands contre Andelnans, Froideval, le Grand-Bois et le Bosmont ayant réussi, ils redevinrent aussi maîtres, dans la journée du 14, du bois de Bavilliers ; malgré tous leurs efforts ils ne parvinrent pas à s'emparer de Danjoutin.

Continuation du combat d'artillerie. — Pendant cette période, les batteries avaient continué leur feu contre la place et ses ouvrages, mais avec modération, car il était urgent de ménager les munitions ; dès le 5 décembre, la consommation journalière avait été réduite à 40 coups par pièce. Les batteries avaient eu beaucoup à souffrir du tir de la place ; aussi y fit-on construire pour les servants un grand nombre d'abris à blindages inclinés. La neige et le brouillard rendaient l'observation des coups difficile ; souvent même on fut obligé de recourir pendant le jour au pointage de nuit (¹). De plus, les conditions atmosphériques avaient altéré la poudre, qui se montra fort irrégulière dans ses effets. Beaucoup de pièces furent mises hors de service, tant par leur propre tir que par celui de l'ennemi ; il se produisit un grand nombre d'érosions sur les surfaces d'obturation des mécanismes de culasse, ainsi que des ruptures d'anneaux obturateurs ou de plaques d'acier, etc. Les ressources du parc permirent en général de faire les remplacements nécessaires.

Le 13 décembre survint le dégel, les tranchées et les batteries furent inondées, les épaulements et les abris fortement dégradés. Pour rendre les communications possibles, il fallut disposer dans le fond des tranchées des fascinages recouverts de madriers ; le remplacement des munitions devint d'une difficulté extrême ; les voitures les moins chargées, obligées de passer à travers champs, enfonçaient jusqu'au moyeu dans les terres détrempées. Les plates-formes des mortiers ne supportaient qu'un petit nombre de coups et exigeaient des réparations continuelles. Les forces des canonniers étaient presque à bout, et les effectifs des batteries fortement diminués par les maladies.

Depuis l'ouverture du feu, les troupes d'artillerie s'étaient successivement renforcées de 12 nouvelles compagnies de forteresse (dont 4 badoises et 4 bavaroises, arrivées du 17 au 26), qui avaient amené du matériel et des munitions. Vers la fin de décembre, il y avait devant Belfort 24 compagnies ou batteries de forteresse, et le parc comprenait environ 90 bouches à feu, entre autres 2 mortiers rayés de 21ᶜ. Depuis le 3 décembre, le chemin de fer de Strasbourg à Mulhouse était rétabli, et à partir du 12 on put

---

(¹) Pour les affûts non pourvus de l'appareil de pointage Richter (voir, pour la description de cet appareil, *Revue d'artillerie*, tome III, octobre 1873, p. 2), on donnait la direction à l'aide de tasseaux cloués sur les plates-formes.

utiliser la voie ferrée jusqu'à Dannemarie. De cette station au parc les transports ne purent se faire que très-difficilement à cause du mauvais temps et du petit nombre de chevaux dont on disposait.

Préparation de l'attaque en règle contre les Perches; construction des batteries 8ª et 9. — Maître du Grand-Bois et du Bosmont, l'assiégeant put songer à étendre ses attaques vers la droite et à préparer le siége en règle contre les fronts du S., grâce aux nouvelles ressources du parc. Dans une conférence tenue le 15 décembre à Méroux entre le commandant du corps de siége et les commandants de l'artillerie et du génie, il fut décidé qu'on construirait les jours suivants des batteries près de Bavilliers; que pour celles qui devaient être établies sur le Bosmont, on attendrait l'arrivée des compagnies badoises et bavaroises, enfin qu'on n'ouvrirait la première parallèle contre les redoutes des Perches qu'après que les nouvelles batteries en auraient réduit l'artillerie au silence. Le même jour furent reconnues les positions des batteries de Bavilliers; en outre, la batterie 8, qui, en raison de son éloignement, ne pouvait avoir que peu d'effet contre Danjoutin, reçut l'ordre de se rapprocher jusqu'à une petite distance d'Andelnans et de se tenir prête à ouvrir le feu le 18 (batterie 8ª).

La construction des batteries de Bavilliers, déjà plusieurs fois ajournée par suite du manque des travailleurs d'infanterie qui devaient creuser les tranchées en arrière, fut encore remise à cause du mauvais temps. Pour seconder l'action de la batterie 8ª contre Danjoutin, on commença le 18 au soir, à l'E. de Bavilliers et du bois, une batterie (nº 9) pour 2 mortiers de 27ᶜ, qui ne put être terminée et armée que le 23; il fut résolu qu'elle n'ouvrirait son feu que lorsque les troupes d'infanterie seraient en état de donner l'assaut à Danjoutin.

Après une reconnaissance faite par les officiers du génie, on projeta d'ouvrir la première parallèle à 500 ou

600 mètres des redoutes des Perches, sur un développement de 1 700 mètres, avec deux communications débouchant de la lisière du bois de Bosmont.

Le 19 décembre, on reconnut sur cette dernière hauteur
les emplacements de 6 batteries ; les compagnies badoises
et bavaroises commencèrent immédiatement la confection
des fascinages et des bois de plates-formes.

**Construction de 4 batteries à Bavilliers et de 2 batteries
sur le Bosmont.** — Dans la nuit du 24 au 25 décembre
furent enfin commencées, sous la protection du feu très-
vif de la batterie 6 contre Bellevue, les batteries de Bavilliers, n° 10, pour 4 canons de 15ᶜ longs, nᵒˢ 11 et 12,
chacune pour 4 canons de 12ᶜ ; on établit en même temps,
un peu à droite et en avant d'elles, une batterie (n° 19)
pour les 2 mortiers rayés de 21ᶜ et 2 mortiers lisses de 22ᶜ,
et sur les pentes orientales du Bosmont deux batteries
(13 et 14), chacune pour 4 canons de 15ᶜ longs. L'intensité
du froid rendit très-pénible la construction de ces batteries,
qui demanda 4 jours et 3 nuits, excepté pour les batteries 13
et 14 qui purent être armées la même nuit et ouvrirent
le feu dans l'après-midi, à 2 200 mètres, contre les Hautes-
Perches. Celles-ci ripostèrent avec l'appui des pièces du
Château et de la Justice, dont les feux plongeants produisirent beaucoup de dégâts et des pertes sérieuses dans
les batteries. Le 27, un obus, venant de la Justice, fit
sauter un magasin à poudre de la batterie 14. Le 29 décembre, les batteries du Bosmont tirèrent aussi contre la
Justice, mais elles eurent beaucoup de mal à rectifier leur
tir, dont on ne put constater les effets que vers le 7 janvier ;
à partir de ce moment, la batterie 14 tira principalement
contre la Justice, et la batterie 13 contre les Perches. Les
pièces de 15ᶜ, en fonte, avec fermeture Wahrendorff,
durent plus d'une fois interrompre le feu pour dégradations
survenues au mécanisme de culasse ([1]).

---

[1] L'emploi de l'eau chaude, par les fortes gelées, pour nettoyer l'âme des pièces
ne suffisant pas, certaines batteries eurent recours au tir à eau ; avant d'introduire

Dans la nuit du 26 au 27, les batteries 10 à 12 furent armées, mais elles ne purent commencer le feu que le 28. La batterie 10 tirait avec 2 de ses pièces contre le Château, à 2 900 mètres, avec une autre contre la Justice, à 4 200 mètres, et avec la quatrième contre la Miotte, à 4 400 mètres; la batterie 11 contre Bellevue, à 1 250 mètres, et contre la Scierie, à 1 000 mètres; la batterie 12, avec 2 pièces contre les Hautes-Perches, à 3 500 mètres, et avec les 2 autres contre les Basses-Perches, à 2 700 mètres. Dans l'après-midi, leur tir était réglé.

Les batteries d'Essert avaient progressivement diminué l'intensité de leur feu, à cause du manque de munitions et des dégradations subies par les pièces. Le 23 décembre, la batterie 4 cessait de tirer, et le 28 décembre 2 pièces de la batterie 2 également; la batterie 1 ne tirait plus qu'avec 3 canons contre Bellevue, la batterie 3 avec 3 pièces fortement endommagées contre le Château et la ville; la batterie 5, qui tirait encore avec ses 4 canons contre la ville et les Barres, interrompit son feu du 5 au 7 janvier; et dans chacune de ces batteries il n'y avait jamais que 2 pièces en action simultanément. La batterie 6, qui ne tirait plus en tout que 25 coups par jour, se tut du 31 décembre au 4 janvier; la batterie 7 n'avait plus de munitions. Cette dernière une fois réapprovisionnée, les nᵒˢ 1 et 3 devaient cesser leur feu, de sorte qu'il ne serait resté alors en activité que les nᵒˢ 6 et 7. Les batteries d'Essert eurent beaucoup à souffrir pendant tout le temps qu'elles furent en action; leurs pertes en personnel s'élevèrent à 44 p. 100 des pertes totales de l'artillerie pendant la durée du siége.

La construction de la batterie 19 avait été très-retardée par la nature rocheuse du sol dans lequel elle était creu-

---

la gargousse dans la chambre on y plaçait un bouchon d'étoupes avec un culot obturateur en carton; puis, la culasse fermée et abaissée, on versait de 1 à 1 ¼ litre d'eau par la bouche et l'on faisait feu. Ce procédé a donné de bons résultats.

sée; elle ne put être armée que dans la nuit du 6 au 7 janvier.

Construction de 4 nouvelles batteries sur le Bosmont et de la batterie de Chèvremont. Prise de Danjoutin. — Il restait à construire sur le Bosmont 4 batteries (15-18); elles ne purent être commencées que dans la nuit du 28 décembre, et ne furent armées que quelques jours plus tard, les batteries 16, 17, 18 avec 4 canons de 12ᶜ, la batterie 15 (terminée le 8 janvier seulement) avec 3 mortiers de 27ᶜ (¹) et 1 de 22ᶜ. En même temps 4 canons de 12ᶜ furent mis en batterie (n° 20) près de Chèvremont, au S. du chemin de fer, pour contre-battre Perouse. Les nouvelles batteries, énergiquement appuyées par les anciennes, ouvrirent, le 7 janvier, un feu violent contre la place et les défenses extérieures. A cette lutte prirent part 8 pièces des batteries d'Essert, 17 de celles de Bavilliers, 19 du Bosmont, 6 des batteries 8ᵃ et 20, en tout 50 pièces (dont 13 canons de 15ᶜ ou de 24, 29 de 12ᶜ et 8 mortiers). La position des Perches fut contre-battue par 21 pièces (des batteries 12, 13, 14, 16, 17, 18); le Château par 8 (batteries 7, 10, 19); la redoute de Bellevue par 7 (batteries 5, 6, 11, 19); Danjoutin par 4 (8ᵃ, 9); Perouse par 4 (batterie 20); le fort des Barres par 3 (batteries 5 et 6), celui de la Justice par 2 (n° 13); l'enceinte par une pièce (batterie 5).

La batterie 19 dut bientôt suspendre son feu, l'appareil de pointage des affûts des mortiers rayés ayant été dégradé. La batterie 20 incendia Perouse.

Cette canonnade avait préparé l'attaque contre Danjoutin, dont la possession était d'une importance capitale pour l'assiégeant et qui fut emporté dans la nuit du 7 au 8 janvier.

Vers 11 heures et demie, quatre compagnies d'infanterie et une de pionniers, débouchant du bois du Bosmont, parvinrent, sans être remarquées, jusqu'au chemin

---

(¹) Dont 2 retirés de la batterie 6.

de fer, où elles surprirent et repoussèrent en désordre vers la ville les postes chargés de couvrir l'entrée de Danjoutin, au N., près de la maison du garde-barrière ; elles pénétrèrent dans le village à la fois par le N. et par l'E., tandis que deux autres compagnies, sorties du Grand-Bois, avaient longé la rive droite de la Savoureuse et abordé le village par l'O. La garnison, surprise par cette attaque enveloppante, essaya vainement de se défendre dans les maisons; elle prolongea sa résistance jusqu'au matin, mais, complétement entourée, elle dut mettre bas les armes : 700 hommes tombèrent ainsi entre les mains de l'assaillant. Vers 8 heures du matin, un retour offensif de l'assiégé en avant des Perches fut repoussé par le tir à shrapnels des batteries 16, 17 et 18. On restait ainsi maître de la voie ferrée depuis Danjoutin jusqu'au passage à niveau, à l'extrémité N. du bois du Bosmont, dont avait pris possession, dans la même nuit, un détachement parti de Vézelois. La ligne des avant-postes fut immédiatement portée jusqu'à la tranchée du chemin de fer, où l'on creusa quelques logements qui devaient servir ultérieurement de point d'appui à la première parallèle.

La prise de Danjoutin était le succès le plus sérieux qu'eût obtenu l'assiégeant depuis l'ouverture du feu ; mais avant qu'il pût recueillir tous les fruits de sa victoire, un événement grave allait le placer dans la position la plus critique : une armée de secours, sous les ordres du général Bourbaki, s'avançait pour tenter de débloquer Belfort.

Approche de l'armée de secours; dispositions prises par le corps de siége contre cette armée. — Dès le 25 décembre, le général de Tresckow était prévenu du danger qui le menaçait du côté du S. Quelques jours après, il recevait des renforts d'Alsace (8 bataillons, 2 escadrons, 2 batteries, commandés par le général de Debschütz), ce qui portait l'effectif de son armée à 36 000 hommes environ (30 bataillons, 7 escadrons, 6 batteries), mais il était obligé d'en détacher une partie pour observer le S. et le S.-O. et préparer la défense de la ligne de l'Allaine; le 28 décembre, il transportait son quartier général à Bourogne, au S.-E. de la place, où s'installait aussi le colonel de Scheliha, et le 4 janvier le parc était établi à Moval, au N.-O. de Bourogne.

Le général de Werder, dont le corps d'armée (XIVe) était réparti sur une assez grande étendue entre Dijon et Lure et en arrière de cette ligne, évacuait Dijon le 27 décembre pour se replier sur Vesoul; le 6 janvier, il télégraphiait au général de Tresckow qu'il concentrait toutes ses forces autour de cette dernière ville et que le corps de siége eût à veiller à sa propre sécurité aussi longtemps que le gros des troupes ennemies se trouverait en face du XIVe corps.

Ainsi réduit à ses propres forces, le corps de siége était dans une position très-critique. Il fallait à tout prix se maintenir dans les positions entre Delle, Morvillars et Bourogne, qui couvraient la ligne principale de retraite et le chemin de l'Alsace, et garder contre les entreprises de la place le Bosmont, Bavilliers et Essert, pour ménager aux détachements du S.-O. une ligne de retraite par Héricourt et conserver libre la route de Cernay par Giromagny.

Les batteries de siége formaient à ce moment le seul élément qui parût susceptible de tenir l'assiégé en échec pendant la lutte contre l'armée de secours; elles reçurent l'ordre de continuer vigoureusement leur tir contre les ouvrages, afin que la place ne pût soupçonner un affaiblissement de la ligne d'investissement.

A la date du 7 janvier, les troupes du corps de siége étaient réparties de la manière suivante :

Contre l'armée de secours :

Observant le S.-O. : Détachement de Bredow, 7 bataillons, 2 escadrons, 16 pièces de campagne; quartier général à Arcey.

Observant le S. : Détachement de Debschütz, 6 bataillons, 2 escadrons, 12 pièces, de Sochaux à Delle; quartier général à Montbéliard ; une batterie de sortie bavaroise à Vieux-Charmont et Sochaux; un bataillon et un détachement d'artillerie de forteresse à Montbéliard.

Contre la place :

A l'O. : 6 bataillons, 1 demi-escadron, Bavilliers-Essert-Cravanche ;

Au N. : 2 bataillons, 1 quart d'escadron, Valdoie-Cravanche-partie O. du bois d'Arsot ;

A l'E. : 3 bataillons, couvrant la route de la Chapelle, 1 demi-escadron, 4 pièces dans les emplacements de Roppe et de Chèvremont; 1 bataillon à Anjoutey; 3 bataillons, 1 demi-escadron, 2 pièces, couvrant la ligne Chèvremont-Andelnans et les batteries du Bosmont; 1 bataillon à Bourogne.

Des 30 bataillons du général de Tresckow, 16 restaient donc devant la place et 14 étaient destinés à garantir les opérations du siége contre les attaques du dehors.

Pour renforcer la ligne de défense, on résolut de préparer, en arrière de la rivière de l'Allaine, entre Delle et Montbéliard, ainsi qu'à Héricourt, une série d'emplacements pour bouches à feu de siége. (Voir pl. II.) Les positions furent reconnues le 7 janvier et toutes les compagnies d'artillerie de forteresse disponibles durent être employées à ces travaux. Dès le 27 décembre, on avait armé de 4 pièces de 9ᶜ de siége le château de Montbéliard et on l'avait approvisionné pour une résistance de 21 jours.

Pendant ce temps, le général de Werder était resté dans une grande incertitude relativement aux projets du général Bourbaki; celui-ci l'attaquerait-il à Vesoul pour marcher sur Nancy, ou essaierait-il de le tourner par sa droite du côté de Langres, pour le couper de ses communications avec Paris, ou par sa gauche pour l'isoler de Belfort et faire lever le siége? Au grand état-major à Versailles, on semblait pencher pour le mouvement sur

Langres; mais, vers le 7 janvier, la dernière hypothèse
sembla plus vraisemblable au général de Werder, que les
reconnaissances faites dans la journée du 8 et signalant
l'occupation de Villersexel confirmèrent dans l'idée que
la levée du siége de Belfort était l'objectif principal de
l'armée française. Aussi dès le lendemain de grand matin
mit-il son corps d'armée en marche en lui faisant exécuter un mouvement à gauche vers l'E.; il vint se heurter,
dans la même matinée, à Villersexel, contre une partie des
forces du général Bourbaki. La lutte, avec des alterna-
tives diverses, se prolongea fort tard dans la nuit; le terrain resta finalement aux Français, mais ils perdirent une
journée avant de se remettre en route, ce qui permit au
général de Werder de prendre les devants : le 10, il était
à Frahier, et le 11, il dirigeait son corps sur Héricourt
pour occuper, le long de la Lisaine, des positions déjà
renforcées par les travaux de contrevallation du général
de Tresckow.

Celui-ci avait fait travailler sans relâche à l'organisation de la ligne de défense et prendre toutes les mesures
nécessaires pour résister énergiquement aux attaques du
dehors ainsi qu'à celles de la place et éviter, en cas d'in-
succès, de laisser tomber tout le matériel de siége entre
les mains de l'ennemi. Comme on ne pouvait songer à
sauver, en cas de désastre, le parc tout entier, à cause du
manque de moyens de transport, il fallut se préparer à en
sacrifier une partie et à n'emmener que les bouches à feu
et les munitions qu'on pourrait utiliser pour couvrir la
retraite. A cet effet, on fit un triage dans le matériel et
l'on sépara celui qui était en bon état de celui qui était
plus ou moins dégradé; les pièces destinées à agir contre
le dehors furent envoyées à Moval, où l'on dirigea également tous les attelages militaires et les chevaux de réquisition les plus vigoureux; les attelages en mauvais état
restèrent à Châlonvillars pour le service des batteries
6 et 7.

Dans le cas où l'on perdrait la rive droite de la Savoureuse et avec elle les batteries d'Essert et de Bavilliers, on devait essayer de se maintenir sur la rive gauche.

Dans l'après-midi du 9 janvier, le colonel de Scheliha réunit les officiers supérieurs sous ses ordres et leur donna ses instructions sur la conduite à tenir par les batteries de siége pendant les combats qui semblaient imminents : le premier devoir était de maintenir à tout prix l'assiégé dans la place, tirer sur les sorties et concentrer sur elles tous les efforts, sans répondre au feu de la défense ; ne pas se préoccuper de sauver les pièces, tous les attelages devant être employés au transport des munitions ; ne pas ralentir le feu et ne pas montrer la moindre faiblesse à l'assiégé ; enfin, être prêts, si les circonstances l'exigeaient, à retourner les pièces contre les attaques du dehors.

Dans les journées du 9 et du 10, on arma un emplacement au N.-O. d'Héricourt avec 5 canons de 12°, approvisionnés à 50 obus et 20 shrapnels par pièce (3 pièces de Banvillars et 2 retirées de la batterie 8ᵃ), battant Tavey, Héricourt, Vyans, Couthenans, la route de Bussurel et celle de l'Isle-sur-le-Doubs ; on prépara à Delle un emplacement pour 2 canons de 12°, battant Joncherey, Thiancourt et le terrain au S. de ce village ; près de Grandvillars et de Bourogne, des emplacements pour canons de 12° ou de 15°.

Le 11 janvier, le général de Werder se rencontrait à Argiésans avec le général de Tresckow ; le colonel de Scheliha assista à la conférence. On se concerta sur les mesures générales à prendre ; on résolut de pousser activement les travaux en cours d'exécution, pour renforcer la ligne de l'Allaine de Delle à Montbéliard, et celle de la Lisaine, de Montbéliard jusqu'à Frahier, et l'on reconnut les positions des principales batteries ; on décida d'augmenter l'armement du château de Montbéliard, de construire sur la hauteur, au N.-E. de la ville, une forte batterie contre-battant la vallée de Béthoncourt, et de préparer quelques nouveaux emplacements de pièces le long de l'Allaine.

Dans la nuit du 11 au 12, on fit sauter les ponts de la Lisaine, on organisa défensivement les villages, etc.

Ce même jour, le corps de siége passa sous le commandement du général de Werder, qui était prévenu que les II⁰ et VII⁰ corps se concentraient sur Châtillon-sur-Seine ; le 13, le général de Manteuffel prenait le commandement de ces deux corps et des troupes sous les ordres du général de Werder, de manière que l'action de toutes les troupes allemandes opérant dans l'E. fût bien coordonnée et soumise à une impulsion unique.

Le mouvement des II⁰ et VII⁰ corps sur Vesoul commença le 14 ; mais il leur fallait au moins de quatre à six jours pour entrer en liaison avec le XIV⁰.

Dans une conférence qui eut lieu le 14 à Brévilliers, le général de Werder, en prévision d'un échec, fixait les lignes de retraite à suivre par les différentes fractions de son corps, qui comprenait à ce moment 48 bataillons, 30 escadrons et 144 bouches à feu. La division badoise (de Glümer), à l'aile droite, en avant de Frahier, devait se retirer par Giromagny sur La Chapelle et Cernay ; le détachement de Debschütz, à l'aile gauche, devait occuper successivement la position de Beaucourt, celle de Lébétain-Fesche-le-Châtel, en arrière du ruisseau de la Feschotte, puis celle de Delle-Bourogne ; se retirer enfin sur Dannemarie en cherchant à se relier le long du canal du Rhône au Rhin avec les détachements E. et S. du corps de siége, et, après avoir franchi le canal à Dannemarie, marcher sur Mulhouse ; les troupes du centre de la ligne, vers Montbéliard, devaient battre en retraite par Bourogne, dans la direction du N.-E., sur Colmar. Une brigade badoise était en réserve en arrière de Montbéliard.

Les reconnaissances de la journée du 14 signalaient sur tous les points de fortes masses françaises, accompagnées d'une nombreuse artillerie. Le froid était devenu très-rigoureux; une épaisse couche de glace recouvrait les cours d'eau et rendait illusoire la protection qu'on espérait tirer de la destruction des ponts. Les craintes du général de Werder avaient vivement augmenté; le 14 au soir, il télégraphiait au grand quartier général pour demander si, menacé d'une attaque enveloppante par des forces supérieures, il devait rester dans ses positions. « Je crois pouvoir couvrir l'Alsace, disait-il, mais non Belfort en même temps, sans compromettre l'existence même du corps d'armée; l'obligation de tenir Belfort m'ôte toute liberté de mouvement. » La réponse lui ordonnant d'attendre le choc sous Belfort lui parvint seulement le lendemain soir, alors que la bataille était engagée.

Le 15, au matin, 34 bouches à feu de siége étaient en batterie ou prêtes à être placées dans les emplacements préparés le long de la ligne de défense (pl. II), savoir:

Au N. d'Héricourt	7 canons		de 12ᶜ
Au N.-E. de Montbéliard	5	—	de 15ᶜ
Au château de Montbéliard	2	—	de 12ᶜ
	4	—	de 9ᶜ
A Sochaux	2	—	de 9ᶜ
A Allenjoie	2	—	de 9ᶜ
A Bourogne	4	—	de 15ᶜ
A Grandvillars	2	—	de 12ᶜ
A Joncherey	4	—	de 15ᶜ
A Delle	2	—	de 12ᶜ

De ces 34 pièces, 18 seulement devaient prendre part à la lutte qui allait s'engager; elles étaient approvisionnées à raison d'une centaine de coups par pièce.

En visitant leurs emplacements, le colonel de Scheliha remarqua que le passage de la Lisaine à Bussurel n'était battu ni par la batterie de Montbéliard, ni par celle d'Héricourt; il donna l'ordre de retirer 3 des pièces de cette dernière batterie pour les mettre en position en face de

Bussurel ; mais cet ordre n'ayant pu être exécuté avant l'attaque de l'armée française, le général de Werder dirigea sur Bussurel 2 bataillons et 2 batteries de campagne.

Bataille d'Héricourt (15, 16 *et* 17 *janvier*). — Le 15 janvier, de grand matin, le général Bourbaki ébranlait ses forces pour attaquer les positions des Allemands sur toute l'étendue du front. Le feu commença vers 9 heures ; les Français, après avoir couronné successivement avec leur artillerie toutes les hauteurs en face de la Lisaine, occupèrent Vyans, Tavey, Byans, Coisevaux et Couthenans vers 11 heures, refoulèrent les Allemands de Bart et de Dung sur Montbéliard, et pénétrèrent à leur suite dans cette ville, évacuée vers 3 heures par les Allemands, qui ne se maintinrent que dans le château. Les Français tentèrent de percer la ligne entre Montbéliard et Héricourt ; l'attaque sur Béthoncourt fut repoussée après une lutte sanglante, mais ils s'emparèrent de Bussurel ; ils ne purent toutefois déboucher de ce village et franchir la Lisaine.

Autour d'Héricourt, la lutte fut principalement un combat d'artillerie qui dura toute la journée. Plus au N., de fortes colonnes françaises étaient en marche de Béverne sur Chagey, dont elles s'emparèrent, mais qu'elles reperdirent dans la soirée. Cependant l'effort décisif, qui devait porter sur l'extrême droite des Allemands, ne put avoir lieu : l'état des chemins ne permit pas d'opérer à temps l'enveloppement de leur aile droite ; la division Cremer ne put entrer en action que vers 3 heures un quart avec une batterie Armstrong, qui canonna Chénebier, et son infanterie ne put être engagée sérieusement.

A l'aile gauche allemande, le général de Debschütz était parvenu à repousser les attaques contre Vaudoncourt et Montbouton.

En somme, après un combat sanglant de 9 heures, la ligne de défense des Allemands n'était pas percée ; les 18 pièces de siége d'Héricourt et de Montbéliard avaient fortement contribué à ce résultat. Pendant toute cette journée, le colonel de Scheliha était resté avec l'état-major du général de Werder sur les hauteurs avoisinant Héricourt.

Le 16 au matin, le feu reprit de part et d'autre. Contre le centre de la ligne allemande, renforcé par la brigade Keller sur les hauteurs de Bussurel, les Français ne purent gagner de terrain ; deux attaques dirigées contre Héricourt, d'abord par le N., puis par le S., restèrent également infructueuses, ainsi qu'une tentative pour déboucher entre Montbéliard et Béthoncourt ; les attaques contre la ligne Taillecourt-Dasle-Croix, à l'aile gauche allemande, furent aussi repoussées.

Mais à l'aile droite, la situation était extrêmement compromise ; à 4 heures un quart, les troupes badoises (général Degenfeld) furent forcées, par une forte attaque enveloppante, d'évacuer Chénebier, puis même Frahier, et vinrent prendre position près du moulin Rougeot ; elles réoccupèrent toutefois Frahier quelque temps après. A l'extrême droite, Ronchamp avait dû également être abandonné. Aussitôt que le général de Werder eut connaissance de ces mouvements de retraite, il dirigea sur Chénebier la brigade Keller ; le danger était grand en effet : si le général Bourbaki avait eu des troupes en moins mauvais état, il aurait pu, en contournant le Salbert, refouler la division Tresckow vers le S. et la mettre complétement en déroute. Il fallait à tout prix détourner ce péril en reprenant l'offensive contre Chénebier et renforcer l'aile droite au moyen des troupes d'investissement ; le côté O. de la place ne fut plus alors gardé que par 3 bataillons.

Vers le soir éclata sur toute la ligne une violente canonnonade ; une dernière attaque à la baïonnette contre les positions allemandes fut repoussée. Ce fut là le moment le plus critique de la journée ; car Héricourt évacué, le XIVe corps était en déroute et Belfort délivré.

Pendant la nuit, on prépara près du moulin Rougeot un emplacement pour bouches à feu de siége ; on prit au parc ses 3 dernières pièces (3 canons de 24 français), dont l'une versa en route ; les deux autres étaient en position le 17 au matin, avec un approvisionnement de 300 obus ; elles devaient battre Frahier et les routes d'Errevet et d'Évette ; quoiqu'elles n'aient pas eu l'occasion de tirer, leur présence à cette aile, momentanément très-menacée, produisit un certain effet moral. Dans la même nuit, le général de Keller avait repris par surprise une partie du village de Chénebier.

Le 17 survint le dégel, qui contribua à renforcer les positions allemandes en en rendant les abords impraticables.

Les Français reprirent l'offensive contre Chénebier, que le général de Keller dut évacuer de nouveau, et attaquèrent Chagey dans l'après-midi ; mais l'aile droite allemande, alors renforcée, les arrêta ; la fusillade languit et jusqu'au soir l'artillerie seule resta en action.

Les Français firent de grands efforts pour déboucher de Montbéliard ; moins énergiques et non moins vaines furent leurs tentatives contre Béthoncourt, Bussurel et Héricourt ; les attaques contre le château de Montbéliard n'eurent pas plus de succès.

Déjà dans l'après-midi on put croire, vers le centre, qu'ils renonçaient à l'offensive, après une dernière attaque sur toute l'étendue du front entre Montbéliard et le mont Vaudois.

A l'extrême droite, Ronchamp avait été réoccupé par les Allemands ; à l'extrême gauche, le général de Debschütz n'avait eu affaire qu'à des fusillades d'avant-postes.

Les reconnaissances faites dans la nuit du 17 au 18 signalèrent le commencement de la retraite de l'armée française, qui fut confirmé le lendemain matin. Coisevaux, Byans et Tavey étaient, il est vrai, encore fortement occupés, ainsi que Bussurel et l'ancienne citadelle de Montbéliard. Chénebier fut réoccupé dans l'après-midi par le général de Keller, et Étobon le soir. A l'aile gauche, le général de Debschütz, prenant l'offensive, rejetait les Français de Roches et de Glay sur Blamont. Le 18 au soir, enfin, on voyait se mettre en mouvement les arrière-gardes de l'armée de Bourbaki.

Le danger qui avait menacé le corps de siége disparaissait; son rôle contre l'armée de secours était terminé. Le 19, le général de Moltke envoyait l'ordre de reprendre, avec toute la vigueur possible, les opérations du siége, pour lesquelles le général de Werder devait fournir les renforts nécessaires. Le même jour, celui-ci recevait des instructions du général de Manteuffel au sujet de la poursuite de l'armée de Bourbaki; il devait retarder autant que possible le mouvement de retraite de cette armée, afin de donner au général de Manteuffel le temps de la tourner et de lui couper la retraite. On sait comment il y réussit.

Pendant toute cette période, le parc avait déployé une activité extraordinaire; le transport des munitions avait exigé des efforts considérables : outre les bouches à feu, les bois de plate-forme, etc., le parc avait expédié dans les emplacements répartis le long de la Lisaine et de l'Allaine, 5000 coups (100000 kilogr.); il avait, de plus, envoyé, dans les seules journées du 14 au 18, 2200 coups (60000 kilogr.) aux batteries devant Belfort.

Dans les journées des 15 et 16 janvier, les batteries de campagne du XIV[e] corps avaient tellement consommé de munitions que l'artillerie de siége dut leur délivrer toutes les munitions de 9[c] qui ne lui étaient pas indispensables.

Les 18 bouches à feu de siége, qui furent employées dans la bataille contre l'armée de secours, consommèrent dans ces journées :

Les 7 canons de 12[c], d'Héricourt, 423 obus ;

Les 5 canons de 15[c], au N.-E. de Montbéliard, 532 obus et 25 shrapnels ;

Les 2 canons de 12[c], du château de Montbéliard, 123 obus et 11 shrapnels;

Les 4 canons de 9ᶜ, du château de Montbéliard, 219 obus et 26 shrapnels.

Les bouches à feu de siége, en position le long de l'Allaine, n'avaient pas eu occasion de tirer ; elles furent successivement réintégrées au parc après la retraite de l'armée française.

Travaux devant Belfort pendant la période du 7 au 19 janvier. — Il faut revenir maintenant un peu en arrière pour se rendre compte des travaux exécutés devant la place même pendant toute cette période. Avec Danjoutin, l'assiégeant avait conquis, entre ce village et Bavilliers, un terrain d'où il pouvait contre-battre le cœur même de la place beaucoup plus efficacement que ne l'avaient fait jusqu'à ce moment les batteries d'Essert, et si l'on ne disposait pas encore de toutes les bouches à feu nécessaires, il importait du moins de s'établir sans retard sur ce terrain et de montrer à l'assiégé, avec une sorte d'ostentation, que l'on était en mesure de renforcer les attaques. Le parc reçut l'ordre de préparer les fascinages et les plates-formes nécessaires pour 3 batteries à 4 pièces, dont le colonel de Scheliha avait reconnu les positions, en avant du Grand-Bois, entre le chemin de fer et la route de Montbéliard.

Le 9 janvier, le groupe de batteries établies sur la pente O. du Bosmont incendia quelques maisons des faubourgs de France et de Montbéliard, empêcha l'assiégé de construire une batterie au N. de ce dernier faubourg, et troubla les mouvements de matériel qu'il opérait au fort des Basses-Perches.

Le matériel mis hors de service depuis le commencement du siége jusqu'à cette date comprenait :

Hors de service par le feu ennemi :

2 canons de 12ᶜ, 1 affût de 15ᶜ et 2 de 12ᶜ, 1 fermeture de culasse, 2 mécanismes de pointage et quelques roues.

Par leur propre feu :

4 canons de 15ᶜ longs, 6 de 15ᶜ courts, 7 de 12ᶜ, 1 mortier de 27ᶜ, 1 affût de mortier de 22ᶜ.

Dans la journée du 10 janvier, 2 pièces de la batterie 17 dispersèrent des travailleurs qu'on apercevait entre les deux forts des Perches ; vers le soir, on dirigea 2 pièces de la batterie 18 contre la redoute de Bellevue, dont le feu gênait les travailleurs réunis pour la construction des batteries, mais on ne put régler convenablement le tir. Au lieu des 3 batteries qu'on avait primitivement voulu établir entre Danjoutin et le chemin de fer, on se décida à en construire 5 (n° 21 pour 2 mortiers français de 27ᶜ et les 2 mortiers rayés de 21ᶜ à retirer de la batterie 19, n° 22 pour 4 canons de 24 courts français, nᵒˢ 23 et 24 chacune pour 4 canons de 15ᶜ longs, n° 25 pour 4 canons de 12ᶜ). A 6 heures et demie du soir on commença le travail, qui fut assez pénible, le sol étant gelé sur une épaisseur de 20 à 30 centimètres ; en même temps on creusa entre les batteries des communications et à droite et à gauche des tranchées pour les troupes de soutien. L'assiégé dirigea, le 11 au matin, un feu lent du Château, de Bellevue et de l'enceinte sur le nouveau but qui s'offrait à ses vues ; comme il tirait des bombes de gros calibre, on renforça les toitures blindées des magasins et des abris au moyen de rails, de plusieurs couches de saucissons et d'une forte épaisseur de terre.

Le 11 janvier au soir, les batteries 10, 11 et 12 reçurent l'ordre de se tenir prêtes à tirer à shrapnels contre une sortie qu'on prévoyait devoir être tentée dans la nuit : 3 canons de 15ᶜ et 5 de 12ᶜ restèrent chargés à shrapnels ; la sortie n'eut pas lieu. La batterie 7 continuait à tirer vigoureusement contre le Château et le fort des Barres ; les batteries du Bosmont incendiaient les faubourgs, les autres batteries tirèrent peu. La batterie 19 lançait avec chacun de ses deux mortiers lisses 20 bombes contre la redoute de Bellevue ; les mortiers rayés n'étaient pas encore réparés. La batterie 6, qui n'avait plus qu'un seul mortier disponible avec 6 bombes, se tut complétement.

Dans les nuits du 11 au 12 et du 12 au 13, on continua la construction des batteries de Danjoutin, qui n'avançait que lentement, toutes les forces de l'artillerie de siége étant absorbées par d'autres travaux plus urgents. Le feu de la place, dans la journée du 12, fut dirigé contre l'O., mais assez faiblement; la redoute de Bellevue, vivement contre-battue par la batterie 18, ne tira que 2 coups dans l'après-midi. Le tir des batteries de siége semblait assez efficace, surtout celui des mortiers rayés qui étaient rentrés en action; la batterie 11 tira avec succès contre de sabris établis en dessous de la Miotte; le groupe des batteries du Bosmont réduisit au silence 2 pièces des Barres; toute la nuit on remarqua des incendies dans le faubourg de Montbéliard. Le 13, la place tira successivement contre les cantonnements de l'assiégeant, principalement vers l'E. La batterie 20 alluma des incendies dans Pérouse. Le 14, le feu des batteries de siége fut assez faible jusqu'à 3 heures de l'après-midi, à cause du brouillard; la place ne tira également que peu; vers le soir, les Hautes-Perches reprirent plus vivement leur tir.

Quand, le 15 dans la matinée, l'assiégé entendit le bruit de la canonnade d'Héricourt, il fit taire son artillerie, comme pour suivre la marche de la bataille, et resta dans l'expectative; le colonel Denfert, pour découvrir si l'assiégeant avait affaibli ses moyens de défense, ordonna quelques reconnaissances, qui échouèrent contre les avant-postes de la ligne d'investissement.

Les batteries de siége continuèrent leur feu ([1]) sans se préoccuper de la bataille qui s'engageait en arrière d'elles; le groupe des batteries de Bavilliers était prêt à balayer le terrain en avant de la place et à refouler les sorties. La batterie 19 lança 50 de ses lourds projectiles de 21°

([1]) Elle lancèrent contre la place, pendant la bataille d'Héricourt, environ 1 200 projectiles le 15, 1 500 le 16, et 1 000 le 17.

contre le Château, où ils produisirent de grands effets ; cette batterie, établie à 700 mètres seulement de Bellevue, était cachée aux vues de la redoute ; le défenseur la chercha en vain dans deux directions différentes avec ses projectiles, qui tombaient beaucoup trop loin.

Dans la nuit du 14 au 15 seulement étaient arrivées de Moval les pièces de 12ᶜ destinées à la batterie 25 ; le 15, à 7 heures du matin, 3 d'entre elles étaient en batterie (la 4ᵉ était restée en route à la suite d'un accident), avec un approvisionnement de 20 obus et 10 shrapnels par pièce. La batterie reçut comme instruction de se tenir prête à tirer à shrapnels contre la Scierie à 1100 mètres, contre la route de Montbéliard à 1000 mètres, et contre le terrain en avant de la batterie à 600 mètres et à 400 mètres, mais seulement si l'assiégé arrivait en force jusque-là. Les pièces devaient être placées pendant le jour parallèlement à la crête de l'épaulement, pendant la nuit ou par un fort brouillard, dans l'axe des embrasures ; on devait charger les pièces seulement dans le cas où s'engagerait un combat d'infanterie, mais tenir constamment prêts 4 shrapnels avec fusée réglée pour chacune des distances de 1 100, 1 000, 600, 400 mètres et zéro ; tout le personnel de la batterie devait rester caché aux vues de l'assiégé ; enfin, dans le cas où la sortie parviendrait jusqu'à la batterie, on abandonnerait les pièces en emportant les culasses.

Le 16, le colonel Denfert, pour appuyer la tentative de l'armée de secours, ordonna de faire deux démonstrations, l'une contre Essert, l'autre sur Chèvremont et Béthoncourt ; cette dernière, qui ne devait être exécutée que si le combat se rapprochait de Belfort, n'eut pas lieu.

La sortie contre Essert, vers 2 heures de l'après-midi, fut accueillie par le feu d'obus et de shrapnels de la batterie 12, dont les pièces avaient été tournées vers la gauche, et fut obligée de battre en retraite ; les pièces de la batterie restèrent chargées et ne furent replacées à leur ancienne position que plus tard. La batterie 6 avait lancé contre la sortie ses 6 dernières bombes ; la batterie 7 avait balayé la route d'Essert, et les batteries 10 et 11 tiré quelques shrapnels. Vers 4 heures, l'artillerie de la défense se tut, excepté au fort de la Miotte, qui envoya de temps en temps quelques projectiles contre le Bosmont ; à partir de ce moment, le colonel Denfert parut vouloir attendre le résultat de la bataille. Dans la nuit du 16 au 17, il fit cependant exécuter trois reconnaissances contre Essert et le Mont, contre le bois de Bavilliers, entre Valdoie et Offemont contre le bois d'Arsot ; mais partout les avant-postes allemands veillaient.

Le 19 janvier, après la retraite de l'armée du général Bourbaki, était arrivé l'ordre du général de Moltke de reprendre avec vigueur les travaux du siége ; le commandant de l'artillerie s'informa des ressources que pouvait lui fournir le parc de Strasbourg, où se trouvaient alors 14 canons de 15^c, 37 de 12^c, 26 de 9^c, et plus de 50 mortiers, et demanda qu'outre les 500 obus et 100 shrapnels par pièce, qui y étaient préparés, on y tînt toujours disponibles 10 000 obus et 1 000 shrapnels emplombés de 15^c et autant de 12^c. En ce qui concerne les renforts d'infanterie, le grand quartier général avait jugé suffisant d'adjoindre au corps de siége la division Debschütz.

On résolut de reprendre immédiatement l'offensive contre la place, et l'on fit tous les préparatifs pour enlever Pérouse et le Haut-Taillis, dans la nuit du 20 au 21, et ouvrir la première parallèle la nuit suivante.

Les 27 bataillons dont disposait le général de Tresckow furent répartis de la manière suivante :

1 bataillon gardant la ligne d'Héricourt à Montbéliard ;

Les 8 bataillons du général de Debschütz occupant la ligne d'Exincourt à Croix ;

6 bataillons à Dambenois, Allenjoie, Bourogne et Morvillars ;

3 bataillons cantonnés autour de Trétudans ;

1 bataillon à Andelnans, 1 à Danjoutin ;

1 bataillon à Vézelois et à Chèvremont ;

2 bataillons gardant la ligne Offemont - Valdoie - Cravanche ;

4 bataillons couvrant le front d'Essert au Grand-Bois.

On continua provisoirement à occuper les batteries
établies à Delle, Grandvillars, Allenjoie et Vieux-Charmont et celle du château de Montbéliard.

Le 17 et le 18 arrivèrent 8 canons de 15ᶜ prussiens qui
furent employés immédiatement à armer les batteries de
Danjoutin ; l'approvisionnement de la batterie 25 fut porté
à 50 obus et 10 shrapnels par pièce ; enfin, le 18, arrivèrent à Dannemarie 8 canons de 15ᶜ bavarois, avec
350 coups par pièce.

La batterie nᵒ 22 fut armée, le 19 au soir, de 3 canons
de 24 courts français, retirés de l'emplacement de Frahier,
et approvisionnée de 150 obus arrivés dans la nuit au parc ;
les 300 obus de l'emplacement de Frahier furent affectés
à la batterie 7.

La batterie 6 fut désarmée et la batterie 21 armée, dans
la nuit du 20 au 21, de 2 mortiers de 27ᶜ. Le 21 au matin,
le groupe des batteries de Danjoutin était prêt à tirer.

Le dégel du 17 avait nécessité des travaux considérables pour l'écoulement des eaux ; dans la batterie 10, le
magasin à poudre avait beaucoup souffert ; on renonça à
s'en servir et on transporta les munitions dans la batterie
12 ; les pièces restèrent en place, mais avec 12 shrapnels
seulement.

Depuis le 18, le feu de la place était très-faible ; celui
des batteries de siége également, mais il reprit une nouvelle vivacité quand, le 20 janvier, les batteries 13, 14 et
20 reçurent l'ordre de canonner vigoureusement Pérouse
et les bois environnants ; ce feu devait être arrêté à
11 heures précises du soir.

Le même jour, un obus de 21ᶜ de la batterie 19, pénétrant dans l'enceinte intermédiaire du Château, y fit sauter un abri à munitions ; un personnel assez nombreux fut enterré sous les décombres. La maçonnerie du Château commençait à s'ébranler ; les coups trop courts des batteries 1, 2, 3 et 10, tirant contre une pièce sous abri blindé, avaient commencé une brèche ; tant qu'il avait gelé, les terres de l'épaulement s'étaient maintenues, mais après le dégel elles s'éboulèrent, entraînant le mur dans la batterie placée à 50 mètres environ plus bas, et laissant à découvert la pièce, contre laquelle on avait tiré environ 4000 coups depuis l'ouverture du feu. C'est par cet important résultat que se termina l'action des batteries de l'O. contre l'adversaire le plus redoutable de l'attaque ; leur rôle était achevé et elles allaient disparaître au commencement de la 3e période du siége, l'attaque en règle contre les Perches.

Prise de Pérouse (*nuit du 20 au 21 janvier*). — L'énergique bombardement de Pérouse, dans la journée du 20 janvier, avait été considéré, avec raison, par l'assiégé, comme la préparation d'une attaque de vive force qu'il allait subir de ce côté ; aussi, avait-il renforcé cette position, mis en état de défense les issues du village ainsi que les bois environnants, et amené la batterie de sortie derrière un épaulement préparé près des carrières au N. de Pérouse.

Du côté de l'assiégeant, on mit sur pied, pour l'attaque, quatre bataillons et une compagnie de pionniers, qui furent divisés en deux colonnes.

Dans la colonne de gauche, un bataillon et la compagnie de pionniers devaient s'avancer de la voie ferrée en avant du Bosmont contre les lisières S. et E. du Haut-Taillis, en chasser les défenseurs et se reformer au N. du bois, en face de Pérouse. Le 2e bataillon de cette colonne avait ordre de prendre position au S. du Haut-Taillis, de servir de soutien au bataillon de première ligne, et, aussitôt que celui-ci se serait rendu maître du bois, d'en occuper les lisières N. et O.

Une heure après, la colonne de droite, partant de Bessoncourt, devait s'engager dans un sentier traversant le Bois-sur-Merveaux au N. de la route de Bâle, contourner et prendre à revers les retranchements de l'assiégé, puis faire une démonstration contre le front N.-E. du village. Aussitôt qu'il aurait entendu la fusillade de cette dernière attaque, le bataillon posté en avant du Haut-Taillis devait s'élancer avec les pionniers contre Pérouse, s'en emparer et s'y retrancher.

L'attaque commença à minuit, et le bois du Taillis fut emporté sans trop de pertes; mais une fusillade extrêmement vive partit bientôt du S. du village contre la lisière du bois, en même temps que les forts lancèrent des obus dans toutes les directions, mais plus particulièrement contre Chèvremont et Bessoncourt. A une heure un quart, la colonne d'attaque de droite entrait en action; accueillie à 400 mètres du Bois-sur-Merveaux par un feu de mousqueterie, elle ne pénétra qu'à grand'peine dans le bois, à travers des obstacles nombreux, levées de terre, abatis, réseau de fils de fer; dans le bois des Fourches, les difficultés furent plus grandes encore, et un vif combat s'engagea devant deux petits ouvrages en terre assez fortement occupés. Lorsqu'ils furent enfin maîtres du bois, entre 2 heures et demie et 3 heures, les tirailleurs essayèrent, mais en vain, d'en déboucher pour s'élancer contre Pérouse.

Pendant ce temps, la colonne de gauche avait assailli de son côté, mais avec plus de succès, le village, dont la partie S. tomba entre ses mains; ce ne fut pas toutefois sans pertes. La colonne de gauche reçut sur ces entrefaites l'ordre de se retirer sur Bessoncourt. A cinq heures du matin, l'assiégé évacua complétement Pérouse, qui fut occupé par l'assaillant, auquel ce succès coûtait 8 officiers et 174 hommes. Les défenseurs avaient perdu 5 officiers et 100 hommes.

Pérouse et Danjoutin allaient former maintenant les

deux points d'appui de l'attaque en règle contre les Perches.

Construction de la première parallèle (21-22 *janvier*). — Le 21, à 9 heures du matin, les batteries 22, 23, 24 et 25, situées en avant du Grand-Bois et dont la construction avait commencé le surlendemain de la prise de Danjoutin, ouvrirent enfin leur feu; elles avaient pour objectif principal le Château, en .deuxième ligne les forts de la Justice et de la Miotte qui menaçaient l'aile droite des attaques du génie, et celui de Bellevue qui en menaçait l'aile gauche; enfin, comme mission accessoire, participation au bombardement de la ville. Elles devaient attirer sur elles l'attention de la place, de manière à faciliter l'ouverture de la première parallèle, qui avait été fixée à la nuit suivante.

Dans le même but, la batterie 12 reçut l'ordre de canonner plus vivement les Basses-Perches, et les batteries 13 et 14 les Hautes-Perches. La place ne répondit presque point à leur feu.

A la tombée de la nuit commença la construction de la première parallèle, à laquelle prirent part 1 900 hommes d'infanterie et 4 compagnies de pionniers, couverts par 2 bataillons; 3 autres bataillons avaient leurs avant-postes à Danjoutin, sur le Bosmont et dans Pérouse. Le travail dans le terrain gelé et pierreux fut très-pénible, mais ne fut point troublé par l'assiégé; au point du jour, certaines portions de la parallèle et des communications étaient encore inachevées; elles ne furent terminées que les nuits suivantes.

La parallèle s'étendait sur une longueur de 1 900 mètres environ, entre le chemin de fer près de Danjoutin et la route de Vézelois à Pérouse, et passait à 600 mètres de la redoute des Basses-Perches et à 900 mètres de celle des Hautes-Perches.

La garde de tranchée était formée de 4 bataillons, relevés toutes les 24 heures, indépendamment d'un bataillon fournissant les travailleurs et relevé après 12 heures de travail de jour.

Un ordre du commandant de l'artillerie régla, le 22 janvier, la consommation journalière des bouches à feu : les batteries n°s 7, 11 à 19, 22 à 25, ayant 54 pièces en action, devaient tirer, par 24 heures, 1 600 projectiles environ, dont moitié la nuit (2/3 pour la batterie 13 tirant contre les Perches et 1/4 seulement pour les batteries 22, 23 et 24, tirant contre le Château, la Justice et la Miotte); de ces 1 600 projectiles, 40 p. 100 seulement étaient destinés aux redoutes des Perches, 15 p. 100 au Château, 12 p. 100 à la Justice, 7 p. 100 à Bellevue et à la Scierie; le reste à la ville, au faubourg du Fourneau et aux autres ouvrages. Les batteries devaient tirer en outre des shrapnels quand les circonstances l'exigeraient.

Le 23 janvier, on reconnut au S. de Pérouse, dans le bois de la Perche, des emplacements pour l'installation de 3 nouvelles batteries de 4 canons de 15^c chacune, qui devaient être construites par l'artillerie bavaroise, à 900 mètres de l'aile droite de la première parallèle, à 500 mètres des Hautes-Perches et à peu près à la même altitude que cet ouvrage. Elles devaient agir directement contre la Justice et le front E. du Château et en enfiler le front S.

Pendant les journées du 22 et du 23, le feu de la place fut très-modéré; les batteries de Danjoutin subirent cependant quelques pertes; les plus sensibles furent dues, dans les batteries 23 et 24, à l'éclatement de deux de leurs propres obus, qui tuèrent 6 hommes et en blessèrent autant.

Participation du corps de siége aux opérations du général de Werder. — Le 23 janvier, le général de Werder demanda au commandant du corps de siége d'appuyer le mouvement du XIVe corps au delà du Doubs par une pointe sur Blamont et Pont-de-Roide. Le général de Deb-schütz fut chargé de cette opération et se mit en marche, le 23 janvier au soir, avec 3 bataillons, 3 batteries et un escadron; avec 2 bataillons, il s'empara de Tulay où il fit 400 prisonniers; mais le 3e bataillon, envoyé vers Glay, y éprouva un échec et se retira sur Abbevilliers.

Le général de Debschütz renonça alors à pousser plus loin sur Blamont, occupé, disait-on, par 10 000 Français sous le général Bressoles, et fit également rétrograder sa colonne de droite, menacée sur son flanc gauche et très-fatiguée par sa marche de nuit dans la neige; il reprit ses anciennes positions, le 25 au matin, sur la ligne Croix-Exincourt.

Le 24 au soir, le général de Werder annonçait par télégramme que, d'après les renseignements qui lui étaient parvenus, les Français évacuaient Blamont et demandait au général de Tresckow de faire avancer de nouveau le général de Debschülz sur Blamont pour vérifier le fait. Le 25, le général de Debschütz, avec 6 compagnies, 4 pièces et 1 peloton de cavalerie, occupa Blamont vers 4 heures de l'après-midi, après une légère escarmouche, puis, sa mission accomplie, reprit dans la soirée ses anciens cantonnements.

Enfin le 26, sur la nouvelle qu'une deuxième armée de secours s'avançait de Pontarlier, il reçut encore une fois l'ordre d'occuper Blamont; le 27, il prit position entre Blamont et Pont-de-Roide avec 4 bataillons, 2 escadrons et 2 batteries.

Coup de main sur les Perches (26 *janvier*). — Pendant ce temps, le commandant du corps de siège avait pris la résolution de s'emparer de vive force des redoutes des Perches. Des officiers du génie avaient fait des reconnaissances dans les nuits du 23 et du 24 janvier, mais ils n'avaient pu arriver jusqu'à la gorge des ouvrages. D'après des documents trouvés à la direction du génie à Strasbourg, on croyait savoir que les redoutes avaient des épaulements de 4 mètres de hauteur sur autant d'épaisseur, avec des fossés de 3 mètres de largeur sur 4 de profondeur, et que les fossés de la gorge étaient défendus par des blockhaus.

L'attaque fut fixée au 26 janvier. Chacun des deux ouvrages devait être assailli par un bataillon d'infanterie, une compagnie de pionniers et un détachement de canonniers ; 2 400 travailleurs les suivaient pour mettre les redoutes en état de défense et construire une tranchée les reliant entre elles. Ces travailleurs furent rassemblés dans la parallèle à 6 heures du soir ; les colonnes d'assaut furent réunies, celle de gauche à Danjoutin, celle de droite près de la route de Vézelois à Pérouse, dans la tranchée du chemin de fer.

On ne chercha pas à préparer l'attaque en augmentant la vivacité du feu des batteries contre les Perches, afin de ne pas éveiller l'attention de la place ; à 6 heures et demie, les batteries cessèrent de tirer dans cette direction, tandis que la batterie 12 balayait le terrain entre les Perches, le Château et la Justice. Le général de Tresckow se rendit, avec les commandants de l'artillerie et du génie, dans la batterie 18.

A 7 heures du soir, la colonne d'assaut de gauche s'élança hors de la parallèle. Deux compagnies, accompagnées de détachements de pionniers, devaient tourner chacune un des bastions des Basses-Perches et pénétrer dans l'ouvrage par la gorge, tandis que les deux autres compagnies, avec le reste des pionniers, l'attaqueraient de front. Ces dernières étaient arrivées jusqu'à moitié distance de la redoute lorsqu'elles reçurent les premiers coups de feu ; quelques-uns des tirailleurs et des pionniers lancés en avant parvinrent jusqu'au fossé et y sautèrent, tandis que le reste de la colonne s'arrêta à une cinquantaine de mètres de là, et se jeta par terre.

Les compagnies des ailes atteignirent la gorge de l'ouvrage, mais là elles trouvèrent un obstacle inattendu : la gorge était défendue par un fossé de 3 mètres de largeur et autant de profondeur avec une contrescarpe revêtue.

Les assaillants sautèrent résolûment dans le fossé, et essayèrent, mais vainement, d'escalader l'escarpe taillée dans le roc et haute de 3 mètres ; ils firent d'aussi inutiles efforts pour incendier le blockhaus qui défendait la gorge. Pendant ce temps, un bataillon français sortait du faubourg du Fourneau, refoulait sur les pentes roides de la rive droite de la Savoureuse un détachement des assaillants et arrivait par la droite sur le rebord du fossé de la gorge des Basses-Perches. Toute résistance était devenue impossible à ceux qui avaient sauté dans le fossé : ils durent se rendre. Le détachement qui se trouvait dans le fossé de gauche parvint à remonter la contrescarpe et à se retirer en partie sous une vive fusillade; 114 hommes purent ainsi s'échapper. L'attaque était manquée; les débris de la colonne furent réunis à Danjoutin.

L'attaque des Hautes-Perches eut une issue, sinon aussi malheureuse, du moins aussi vaine : la colonne d'assaut, divisée également en deux détachements, cherchait à tourner la redoute par la droite et par la gauche; elle eut à parcourir, sous un feu meurtrier, un terrain où étaient accumulées des défenses accessoires, et fut bientôt forcée à la retraite après des pertes sérieuses.

Cette tentative malheureuse contre les Perches coûtait à l'assiégeant 3 officiers et 120 hommes tués ou blessés, 6 officiers et 303 hommes disparus ([1]).

Dans la nuit du 26 au 27, on recevait un télégramme du grand quartier général, insistant sur l'importance qu'il

---

([1]) 6 officiers et 219 hommes avaient été faits prisonniers. Internés à Belfort, dans un local où ils ne furent pas complétement à l'abri des projectiles allemands, ils firent une démarche auprès du commandant de la place pour obtenir qu'on leur donnât un refuge plus sûr ou qu'on les rendît à leur armée. Le colonel Denfert leur répondit qu'ils se trouvaient dans les mêmes conditions que tout le reste de la population, exposée depuis plus longtemps qu'eux au bombardement, mais qu'il serait disposé à les rendre, si le commandant du corps de siége consentait à laisser sortir de Belfort les femmes, les enfants et les vieillards. Les prisonniers adressèrent alors une lettre dans ce sens au général de Tresckow, qui leur opposa une fin de non-recevoir dans un langage très-dur : « *Il dépendait de vous de vous faire prendre ou non. Ayant pris le premier parti, subissez-en les conséquences.* » Paroles bien sévères pour des hommes qui s'étaient très-vaillamment conduits dans la téméraire entreprise où on les avait assez légèrement engagés.

y avait, au point de vue politique, d'être le plus tôt possible maître de Belfort, et autorisant le commandant du corps de siége, pour hâter la capitulation, à accorder des conditions plus douces qu'à Sedan, au besoin la sortie de la garnison avec tous les honneurs de la guerre. Il fut répondu qu'après l'échec grave qu'on venait de subir devant les Perches, il fallait en revenir à un siége en règle qui, en raison de la nature du terrain, exigerait au moins 15 jours; on réclamait en même temps quelques compagnies de pionniers en plus.

Continuation de l'attaque en règle. — La consommation des diverses bouches à feu et leurs objectifs furent encore une fois modifiés; les batteries 7, 11 à 19, 21 à 25, durent tirer en 24 heures 1 700 projectiles, dont 750 environ la nuit; mais en réalité la consommation n'atteignit jamais le chiffre fixé, car, dans les 6 batteries qui étaient en activité depuis un certain temps, on ne pouvait que rarement utiliser toutes les pièces composant leur armement.

Dans la nuit du 27 au 28, les pionniers creusèrent un cheminement de 260 mètres sur les Hautes-Perches. La construction des batteries, commencée le 24 par l'artillerie bavaroise dans le bois des Perches, au N.-E. de la redoute fut provisoirement interrompue, les travailleurs n'y étant point en sécurité. Le 28 au soir, on mit en place, dans la batterie 21, deux mortiers rayés qui ouvrirent leur feu au matin contre le Château.

Le 29 au soir, on apprit la capitulation de Paris et la conclusion d'un armistice de trois semaines, mais, peu de temps après, un télégramme privé annonçait que l'armistice ne s'appliquait pas à Belfort. A la même époque, un télégramme du général de Werder demandait que toutes les forces disponibles fussent dirigées le plus promptement possible sur Pontarlier; le général de Debschütz dut en conséquence se porter dans le S., et il ne resta plus à la disposition du commandant du corps de siége que 20 bataillons.

De nouvelles batteries furent construites, nᵒˢ 26 et 28, chacune pour 4 mortiers de 27ᶜ, aux ailes de la 1ʳᵉ parallèle ; puis nᵒ 27, pour 4 canons de 12ᶜ, dans le bois du Taillis, afin de prendre à revers le flanc droit de la redoute des Hautes-Perches, dont le feu gênait beaucoup les travailleurs dés tranchées ; un canon de 12ᶜ fut ajouté aux quatre pièces de ce calibre déjà en position dans la batterie 25, pour prendre à revers le flanc gauche des Basses-Perches et balayer les communications avec la ville.

La batterie 15, ayant épuisé son approvisionnement de bombes, dut cesser son feu, et la batterie 10, qui ne tirait plus depuis le 19, fut désarmée le 30 au soir.

Construction de la 2ᵉ parallèle. — Dans la nuit du 30 au 31 janvier fut commencée la 2ᵉ parallèle sur une longueur de 225 mètres à l'aile droite, et de 480 mètres à l'aile gauche, les deux portions restant séparées par un espace de 420 mètres. Le travail fut exécuté à la sape volante, sans être beaucoup inquiété par le tir de la place.

La batterie 26, située en arrière du remblai du chemin de fer, à l'aile gauche de la 1ʳᵉ parallèle, dirigea le feu de ses quatre mortiers de 28ᶜ, le 31 janvier, contre les Basses-Perches, dont elle était distante de 675 mètres. On désarma la batterie 11 dans la soirée, et l'on résolut de construire une nouvelle batterie de bombardement, pour 4 pièces de 12ᶜ, entre la batterie 25 et le bois de Bavilliers, à l'O. du chemin de fer, puis deux autres batteries, l'une pour 4 mortiers et l'autre pour 4 canons de 12ᶜ sur la route de Pérouse à Bessoncourt, dans un remblai fournissant aux batteries un épaulement naturel ; on espérait ainsi éparpiller les feux de la Justice qui inquiétaient continuellement le village de Pérouse, les emplacements des batteries à l'E. des Hautes-Perches et les communications.

Dans la nuit du 31 janvier au 1ᵉʳ février, on acheva la 2ᵉ parallèle et l'on amorça les cheminements en avant sur une longueur de 150 mètres ; le travail fut vigoureusement poussé dans la journée du 1ᵉʳ, les feux d'artillerie concentrés sur les Perches ne laissant à l'assiégé que peu de répit. On n'était plus à ce moment qu'à 200 ou 300 mètres des redoutes.

Les batteries 27 et 28 ouvrirent leur feu, dans la journée du 1ᵉʳ, contre les Hautes-Perches (à 1 000 et 1 300 mètres). La batterie 28 (artillerie badoise) ne put entretenir son feu que peu de jours, ayant reçu, le 6 février, un approvisionnement de bombes bavaroises de 60 livres, trop grosses pour les mortiers badois de même dénomination.

Dans la nuit du 1ᵉʳ au 2 février, on construisit deux nouvelles batteries pour mortiers légers, aux extrémités de la 2ᵉ parallèle, batterie 29, pour 8 mortiers de 7 livres (15ᶜ) tirant contre les Hautes-Perches, batterie 30, pour 4 mortiers du même calibre contre les Basses-Perches. Cette dernière batterie seule fut prête à faire feu le 2 février ; la batterie 29 ne le fut que le 3.

La batterie 15 fut désarmée le 1ᵉʳ février.

Entrée de l'armée du général Bourbaki en Suisse. — Le 1ᵉʳ février au soir, on apprit par un télégramme que l'armée du général Bourbaki entrait en Suisse, et le 2 février, au matin, un télégramme du général de Werder prescrivait de rappeler sur Belfort tous les détachements qui avaient été envoyés dans le S. pour appuyer les mouvements du général de Manteuffel. Dans la même matinée, la nouvelle de l'entrée en Suisse de l'armée de Bourbaki était officiellement confirmée par un télégramme de l'empereur.

Continuation des travaux d'attaque jusqu'au fossé des redoutes des Perches. — Le 1ᵉʳ au soir, les batteries 12, 13, 14, 16, 17, 18, 25 et 27, cessèrent leur feu contre les Perches pour ne pas entraver les progrès des têtes de sape contre les redoutes. Le clair de lune fut très-gênant pour les opérations ; on tenta vainement, vers 9 heures et demie, d'avancer à la sape volante, et vers minuit on dut recourir au gabion farci. Le travail fut toujours assez pénible, le roc se montrant à une petite profondeur, particulièrement à l'aile gauche.

Le 2 au matin, les travailleurs furent fortement inquiétés par des feux de bombes et de mitraille partis des redoutes.

Dans cette même journée, les batteries 13 et 16 furent désarmées, la batterie 14 prit comme objectif unique la Justice, et la batterie 17 reçut l'ordre de régler son tir de manière à balayer l'espace entre les deux redoutes. Pendant la nuit, une pièce de cette batterie devait rester dirigée sur les Basses-Perches, et une de la batterie 18 contre les Hautes-Perches, mais elles ne devaient tirer que sur l'ordre de l'officier supérieur de jour. Deux pièces de la batterie 12 et la 5e pièce de la batterie 25 devaient battre le terrain en arrière des Perches.

Dans la nuit du 2 au 3, on construisit, à l'E. de Pérouse, les batteries dont il a été question plus haut et qui reçurent les numéros 31 et 32.

A cette période des opérations, l'état sanitaire du corps de siége devint très-mauvais ; la fièvre typhoïde et la dyssenterie augmentèrent dans une forte proportion.

Le 3 février, 4 nouvelles batteries ouvrirent leur feu, 29, 31, 32 et 33. Dans la nuit du 3 au 4, on prépara une batterie (30_a) pour 4 mortiers de 7 livres (15^c), dans la 2e parallèle ; cette construction présenta certaines difficultés, le dégel ayant rempli d'eau toutes les tranchées. Les trois batteries de mortiers légers, 29, 30 et 30_a, ne produisirent en somme que des effets médiocres, ce qui parut dû à la mauvaise qualité des fusées ; beaucoup de bombes éclatèrent sur la branche ascendante de leur trajectoire et furent plus meurtrières pour les travailleurs des tranchées que pour la garnison des redoutes; un plus grand nombre encore n'éclatèrent point du tout ([1]).

Les batteries 31 et 32 tirèrent contre la Justice, à

______

([1]) Après la reddition de la place, on retrouva, entre les deux redoutes et sur le terrain en arrière, plus de 2 000 bombes de 15ᶜ n'ayant pas éclaté, c'est-à-dire plus de 50 p. 100 des bombes tirées.

1 600 mètres; mais dans la journée du 3, la place ayant réglé son tir fit particulièrement souffrir la batterie 32, dont 2 pièces furent démontées. L'attention de l'assiégé étant tournée au S. vers ces batteries, on put armer, sans être inquiété, les batteries du bois de la Perche, qui prirent les numéros 37, 38 et 39.

Le tir des batteries 26, 28, 29 et 30 fut réglé de manière que chaque pièce tirât 50 coups en 24 heures. Pour renforcer leur feu, on prépara un emplacement (n° 34) dans la 1re parallèle pour 2 canons de 9^c tirant contre les embrasures des redoutes des Perches ; ces pièces furent mises en place dans la nuit du 3 au 4. Dans la journée du 4, on installa 2 autres canons de 9^c (batterie n° 35) dans les communications de gauche, entre la 1re et la 2e parallèle.

Dès les premiers jours de février, le bruit de la capitulation de Paris avait pénétré dans Belfort, et le colonel Denfert demanda au général de Tresckow d'autoriser un officier français à traverser les lignes prussiennes et à se renseigner sur les derniers événements passés en France : cette demande fut accordée et le capitaine Châtel fut envoyé à Bâle.

Le colonel Denfert résolut à ce moment d'abandonner les redoutes des Perches, où le transport des munitions et des vivres ne pouvait plus s'effectuer qu'avec d'extrêmes difficultés depuis la fin de janvier; il ne pensait plus être en état de repousser une nouvelle attaque de vive force, et le 3 février il donna l'ordre de commencer l'évacuation du matériel; le 5, les pièces furent enlevées et il ne resta plus dans chaque redoute qu'une compagnie qui avait ordre de se retirer en cas d'attaque.

L'assiégeant n'eut point connaissance de cette évacuation ; il crut au contraire qu'on renforçait la garnison. Dans la nuit du 5 au 6, les travaux d'approche de gauche, contre les Basses-Perches, furent poussés jusque tout près du fossé. Le 6 au soir, la batterie 34 fut agrandie et reçut 2 mortiers de 25 livres (23°) destinés à tirer contre les Hautes-Perches, lorsque la batterie 28 aurait interrompu son feu pour ne pas atteindre les travailleurs.

Pour augmenter l'intensité du feu contre le Château, déjà même avant la prise des redoutes, on prépara, dans la 2° parallèle, deux nouvelles batteries pour mortiers lourds, n° 40 pour 4 mortiers de 27°, n° 41 pour 6 mortiers de 60 livres (30°).

Dans la même nuit, on prépara, à l'aile gauche de la 2° parallèle, un emplacement (n° 36) pour une pièce de 9° destinée à tirer contre Bellevue. La construction des batteries 37 à 39 avait été reprise le 2, après l'ouverture du feu des batteries 31 et 32, et put être continuée alors de jour; ces batteries ne furent prêtes cependant que le 9 au matin. Le 7, on commença la construction d'une nouvelle batterie de 4 canons de 15°, en arrière et à droite des batteries 37-39; elle ne fut terminée que le 13 et reçut le numéro 53. Les travaux de sape furent d'une exécution très-pénible; les tranchées étaient envahies par les eaux; des pluies torrentielles avaient rendu les communications impraticables. L'état sanitaire des troupes empirait; la plupart des bataillons étaient réduits à des effectifs de 500 hommes et même moins.

Occupation des Perches (8 *février*). — Le 8 février, vers midi, la redoute des Hautes-Perches paraissant évacuée, une compagnie de grand'garde y pénétra; elle en prépara immédiatement la mise en état de défense contre un retour de l'assiégé et assura les communications avec les tranchées. 4 mortiers de 7 livres de la batterie 29 y furent transportés; on put immédiatement ouvrir le feu avec l'un d'eux contre le terrain en arrière des Basses-Perches; avec deux autres mortiers on battit le glacis en avant du Château. L'intérieur de la redoute était complétement dévasté; on n'y trouva que 4 affûts démontés, 3 canons de 12 encloués et dégradés à la bouche, enfin, un mortier de gros calibre en bon état.

Jusque vers 3 heures, la place ne parut pas avoir connaissance de la perte de cette redoute ; mais, à ce moment, le Château, la Justice et la Miotte dirigèrent contre elle un feu très-vif.

La nouvelle de l'occupation des Hautes-Perches étant arrivée aux attaques de gauche vers 2 heures, on tenta contre les Basses-Perches la même opération, qui fut également couronnée de succès ; la faible garnison qui s'y tenait se retira sur le faubourg du Fourneau. On s'installa immédiatement dans l'ouvrage, où l'on ne tarda pas à être en butte aux feux du Château, du fort des Barres et de l'enceinte. Les batteries 21 à 25, la batterie 33 et les batteries 17 et 18, tirant par-dessus les Perches, reçurent l'ordre de concentrer leurs feux sur le Château.

Dans l'intérieur de la redoute des Basses-Perches, on trouva une pièce de 12 rayée démontée, 3 pièces de 4 (dont 2 hors de service) et un mortier de 22^c ; dans les magasins, il ne restait ni poudre, ni cartouches. On transporta dans cet ouvrage les 4 mortiers de 7 livres de la batterie 30, qui tirèrent contre le faubourg du Fourneau toute la nuit suivante.

Pendant ce temps, la pièce de 9^c de la batterie 36 en fut retirée pour être placée dans un emplacement à l'O. des Basses-Perches (batterie 36_a) ; le transport s'exécuta avec difficulté sous le feu du fort de Bellevue ; plus tard, on adjoignit à cette pièce une autre de même calibre enlevée à la batterie 35.

La prise de possession des deux ouvrages des Perches avait coûté à l'assiégeant 3 officiers et 49 tués ou blessés.

Pourparlers au sujet d'un armistice. — Le colonel Denfert ayant appris la conclusion d'un armistice pour le reste de la France, et la convocation d'une Assemblée nationale à Bordeaux pour le 2 mars, fit demander, le 8 février, au général de Tresckow un armistice particulier pour Belfort, jusqu'au retour du capitaine Châtel envoyé à Bâle. Le capitaine Krafft, chargé par le colonel Denfert de régler éventuellement les conditions de l'armistice, se rencontra, dans la même journée, à Roppe avec le parlementaire allemand, capitaine de Schultzendorff. La demande d'armistice fut repoussée et ce refus confirmé au colonel Denfert, le lendemain, par une réponse écrite du général de Tresckow.

Ouverture du feu des batteries du bois de la Perche (37, 38 et 39). — Le 9, au matin, ces trois batteries ouvrirent leur feu avec 4 pièces contre la Justice et avec 8 contre le Château et la Miotte ; leurs effets furent écrasants pour l'artillerie de la place. Les batteries 17, 18 et 19 reçurent l'ordre de continuer leur feu contre le Château jusqu'au 10 au matin, puis de le cesser définitivement; les batteries 12, 14, 26, 28, 29, 30, 34 et 35 cessèrent également de tirer vers cette époque.

Les deux pièces de 9^c de la batterie 34 furent transportées, le 9, à la batterie 36, et celles de l'emplacement 36$_a$, à l'O. des Basses-Perches, furent amenées dans un emplacement qu'on leur prépara près des Hautes-Perches et qui prit le n° 34$_a$.

La batterie 40 fut terminée le 9 février et armée le soir de 2 mortiers de 27^c et de 2 de 22^c ; la batterie 41, qui devait recevoir 6 mortiers de 60 livres (30^c), ne fut terminée que le 10 et armée le 11 de 4 mortiers seulement; 2 mortiers étaient restés sur la route de Dannemarie à Moval.

Batteries de la 3e parallèle. — Après une reconnaissance faite sur les hauteurs des Perches, le colonel de Scheliha se décida à installer dans cette région 10 nouvelles batteries, de 4 pièces chacune, qui devaient être établies dans la 3e parallèle. Celle-ci fut creusée dans la nuit du 9 au 10, sur une longueur de 675 mètres, les ailes appuyées aux deux redoutes. On fit immédiatement les préparatifs pour l'établissement de 7 des 10 batteries ([1]) en question;

([1]) Voir plus loin l'armement et l'objectif de ces batteries.

leurs emplacements avaient été reconnus dans la journée du 9, et leur construction commença le 10 au soir (batteries 43, 44, 47, 49, 51, 52 ; la batterie 45 fut commencée le 9).

Dans les journées des 10 et 11, cinq bataillons revinrent sous Belfort, ce qui porta à 29 le nombre des bataillons dont disposait le commandant du corps de siége ; il est vrai que les effectifs étaient à peu près réduits de moitié par les maladies.

La ligne d'investissement comprenait : au N., 4 bataillons, depuis le Mont jusqu'au bois d'Arsot ; à l'O., 3 bataillons, depuis le Mont jusqu'à la Savoureuse ; au S. et à l'E., 6 bataillons, de Danjoutin jusque près de Vétrigne ; une compagnie occupait Montbéliard et une autre Morteau. Un bataillon était employé à l'amélioration des routes et des chemins. Il ne restait donc disponible pour les travaux de siége proprement dits que 14 bataillons et demi. Le service des tranchées exigeait un bataillon de garde et un bataillon de travailleurs, plus 150 hommes dans chacune des redoutes des Perches ; soit environ 3 bataillons relevés toutes les 12 heures, ou 6 bataillons par jour. Les besoins urgents de l'artillerie en auxiliaires pour la construction et l'armement des batteries imposaient un surcroît de fatigues aux troupes du corps de siége.

Le travail de construction des batteries de la 3e parallèle fut très-difficile, à cause de la nature du terrain ; il fut exécuté sous un feu très-vif de la place, mais dirigé plutôt contre les redoutes des Perches que contre les batteries. Les batteries 48 et 50 furent commencées le 11 au soir, et la batterie 46 le 12.

On comptait ouvrir le feu avec toutes les batteries le 14 au matin ; leur approvisionnement fut fixé à 80 coups par pièce.

Cessation du feu ; armistice provisoire. — Le 12 février, après midi, le général de Tresckow avait reçu du comte de Moltke un télégramme l'autorisant à consentir à la sortie de la garnison de Belfort avec les honneurs de la guerre; il répondit immédiatement qu'il attendait un grand effet du feu qu'ouvriraient, le 14 au matin, les batteries de la 3ᵉ parallèle, et demandait 48 heures avant de soumettre ces propositions au gouverneur de la place. En attendant la réponse, il fit sommer ce dernier de rendre la forteresse ; mais, dans l'intervalle, il reçut un télégramme de M. de Bismarck lui transmettant, pour être remis au colonel Denfert, l'ordre du gouvernement français de rendre la place. Le 13 au soir, la dépêche fut remise au parlementaire envoyé par le colonel Denfert; mais celui-ci, ne voulant pas s'en rapporter à une dépêche transmise par l'ennemi, demanda une suspension d'armes et l'envoi d'un de ses officiers à Bâle pour y attendre un télégramme officiel du gouvernement français. L'armistice fut conclu, et le capitaine Krafft partit le 13 au soir pour Bâle avec un officier allemand.

Reddition de la place. — Les capitaines Châtel et Krafft rentrèrent à Belfort le 15 février, et la convention relative à la reddition de la place fut signée le lendemain à Pérouse.

La garnison devait sortir librement avec tous les honneurs de la guerre. Le départ s'effectua en plusieurs colonnes le 17 et le 18.

On trouva dans la place une grande quantité de matériel de guerre; 341 (¹) bouches à feu, dont 56 hors de service ; 356 affûts, dont 115 détériorés; 21 000 fusils lisses; 24 000 projectiles oblongs, 125 000 projectiles sphériques, plus de 4 millions de cartouches de diverses espèces, 170 000 kil. de poudre à canon.

Pertes éprouvées par les assiégeants. — Les pertes du corps de siége, pendant toute la durée des opérations, furent les suivantes :

(¹) 40 canons rayés de 24, 85 de 12 et 12 de 4; 47 canons lisses de 16, 53 de 12; 20 obusiers de 22ᶜ, 17 de 16ᶜ et 4 de 15ᶜ; 3 mortiers de 32ᶜ, 12 de 27ᶜ, 14 de 22ᶜ et 29 de 15ᶜ.

	TUÉS.		BLESSÉS.		DISPARUS.	
	Off.	Troupe.	Off.	Troupe.	Off.	Troupe.
Infanterie	10	274	51	1 119	4	296
Cavalerie.	»	2	1	3	»	»
Artillerie de campagne.	»	3	3	16	»	»
— de siége . . .	3	56	5	141	»	»
Pionniers	1	19	5	169	3	30
Total	14	354	65	1 348	7	326

en tout, 86 officiers et 2 038 hommes, auxquels il faut ajouter environ 300 hommes qui succombèrent aux maladies dans les ambulances ([1]).

Matériel de siége mis hors de service. — Un petit nombre de bouches à feu seulement furent mises hors de service par le feu ennemi; un beaucoup plus grand nombre le furent par leur propre feu.

Mis hors de service par le feu de l'ennemi.

Parc prussien : 1 canon de 15ᶜ court, 2 de 12ᶜ, 5 affûts.
Parc bavarois : 1 canon de 12ᶜ, 3 affûts de 15ᶜ.
Parc badois : Néant.

Mis hors de service par leur propre tir.

Parc prussien : 16 canons de 15ᶜ, 7 de 15ᶜ courts, 21 de 12ᶜ, par suite d'érosions; 1 mortier de 27ᶜ et 2 de 22ᶜ par rupture ou déformation des tourillons.
Parc bavarois : 1 affût de 15ᶜ, 2 de mortiers.
Parc badois : 8 pièces de 12ᶜ, après un tir de 800 à 1 300 coups (érosions et fissures autour du grain de lumière).

Consommation de munitions par les batteries de

([1]) Les pertes des assiégés se montaient à 32 officiers et 4 700 hommes (environ 2 600 prisonniers ou déserteurs, 956 morts, 1 118 dans les ambulances, lors de la reddition).

siége ([1]). — Les rapports des parcs indiquent comme ayant été distribués aux batteries : 79 900 obus oblongs, 3 732 shrapnels et 16 547 bombes sphériques, en tout : 100 179 coups.

D'après les rapports des batteries, il aurait été tiré par les batteries de siége 98 552 coups, savoir : 58 341 par les batteries prussiennes et wurtembergeoises, 26 671 par les batteries bavaroises, et 13 540 par les batteries badoises. Ces nombres se décomposent ainsi, par espèce et calibre :

Obus de	15ᶜ	26 052		
	24 français	7 421		
	12ᶜ	42 638	78 631	
	9ᶜ	1 356		
	21ᶜ	1 164		
Shrapnels de	15ᶜ	1 040		98 552
	12ᶜ	2 087	3 404	
	9ᶜ	277		
Bombes de	27ᶜ françaises	6 320		
	22ᶜ françaises	470		
	60ˡ (30ᶜ)	2 694	16 517	
	50ˡ (28ᶜ)	1 638		
	25ˡ (23ᶜ)	1 545		
	7ˡ (15ᶜ)	3 820		

Pour le détail de la consommation de chaque batterie, voir plus loin le tableau qui fait connaître l'armement, l'objectif et la durée du feu des différentes batteries de siége construites devant Belfort.

D'après ce dernier relevé, la consommation totale serait légèrement différente de celle qui est indiquée ci-dessus,

---

([1]) La consommation de munitions de l'assiégé semble avoir été la suivante : environ 86 000 coups de canon ou de mortier (18 000 obus oblongs de 24, 30 000 de 12, 14 000 de 4, 4 000 boulets sphériques de 12 et de 16, 16 000 bombes de 22ᶜ, 27ᶜ et 32ᶜ, 4 000 obus sphériques de divers calibres, 200 boîtes à mitraille), 210 000 kilogr. de poudre et 1 800 000 cartouches pour fusils se chargeant par la culasse ; dans ce dernier nombre est compris l'approvisionnement emporté par la garnison.

et comprendrait 77 924 obus oblongs, 3 593 shrapnels et 16 593 bombes, en tout 98 110 coups. Quoi qu'il en soit, ces nombres représentent environ 2 200 tonnes de fonte et de plomb lancées par l'artillerie pendant la durée du siége contre la ville et les divers ouvrages de Belfort.

P. Hüter,
Capitaine d'artillerie.

ANNEXES.

Les tableaux suivants donnent quelques détails, non sans intérêt, sur les effectifs du corps de siége à diverses époques, sur les mouvements des ambulances, sur les emplacements et la composition des parcs, sur les moyens de transport employés, enfin sur l'armement, l'objectif, la durée de la construction, celle du feu et la consommation de munitions des différentes batteries.

I. Effectif du corps de siége [1].

DATE.	COMBATTANTS (non compris les officiers ni les soldats du train).			RATIONS [a] journalières	
	Hommes d'infanterie	Chevaux de cavalerie.	Artillerie, nombre de pièces attelées.	de vivres.	de fourrage
21 novembre. . .	16 188	1 100	32	21 425	3 036
21 décembre . . .	18 646	709	24	26 193	3 704
1er janvier. . . .	26 825	918	36	35 430	4 487
11 janvier	14 511	586	18	21 659	3 450
21 janvier	24 156	965	30	32 555	4 591

[a] Nombre total y compris les officiers.

[1] L'artillerie de forteresse comprenait au 1er décembre 12 compagnies, au 26 décembre 24 compagnies. Les compagnies de pionniers de forteresse étaient au nombre de 5.

II. Situation des hôpitaux ou ambulances.

DATE.	PRÉSENTS DANS LES HÔPITAUX OU AMBULANCES.
18 novembre	1 475 dont 299 blessés.
3 décembre.	2 949 — 334 —
9 décembre	2 193 — 334 —
30 —	3 216 — 412 —
6 janvier	3 148 — 310 —
13 —	1 849 — 273 —
26 —	2 887 — 574 —

III. Emplacement des parcs de siége.

Parc prussien : Parc principal, du 19 au 29 novembre, provisoirement à La Chapelle. — Du 1er décembre au 1er janvier, à Châlonvillars. — A partir du 1er janvier, à Moval.

Parcs secondaires : — Banvillars, du 28 décembre au 11 février, et Châlonvillars du 8 au 22 janvier.

Parc bavarois : Le 18 décembre entre Rechotte et la route d'Eschène à Vézelois. — Le 12 février, nouveau parc à Frais.

Parc badois : A Charmois, depuis le 17 décembre.

Parcs secondaires près de Méroux et près de Vézelois.

IV. Composition des parcs de siége.

BOUCHES A FEU.

CANONS RAYÉS DE				MORTIERS rayés de 21c	MORTIERS LISSES DE			CANONS rayés franç.		MORTIERS français.	
15c longs.	15c courts	12c	9c		50 liv. ou 60	25 liv.	7 liv.	24 l.	24 c.	27c.	22c.
Parc prussien.											
28 (1)	11	46 (2)	14	2	8 (3)	12 (3)	26 (3)	5	7	8	2
Parc bavarois.											
28	»	8	»	»	8	»	»	»	»	»	»
Parc badois.											
»	»	16	»	»	6	»	»	»	»	»	»
56	11	70	14	2	22	12	26	5	7	8	2
153					60			12		10	

En tout 165 bouches à feu rayées et 70 mortiers lisses.

(1) 4 canons de 15c se trouvaient à Dannemarie au moment de la reddition de Belfort.
(2) 8 canons de 12c se trouvaient à Dannemarie au moment de la reddition de Belfort.
(3) 4 mortiers de 50 liv., 8 de 25, 6 de 7, se trouvaient à Neuf-Brisach au moment de la reddition de Belfort.

V. Munitions amenées aux parcs.

1º Pour les bouches à feu prussiennes.

12 475	obus	de 15ᶜ	446	coups par canon de	15ᶜ long.
1 710	shrapnels	de 15ᶜ	44	— —	15ᶜ l. ou c.
3 745	obus allongés	de 15ᶜ	340	— —	15ᶜ
25 738	obus oblongs	de 12ᶜ	560	— —	12ᶜ
3 258	shrapnels	de 12ᶜ	71	— —	9ᶜ
5 748	obus	de 9ᶜ	411	— —	9ᶜ
1 000	shrapnels	de 9ᶜ	71	— —	9ᶜ
100	boîtes à mitraille	de 9ᶜ	7	— —	9ᶜ
1 261	obus allongés	de 21ᶜ	630	— par mortier de	21ᶜ
2 124	bombes	de 50 liv.	265	— —	50 liv.
2 445	—	de 25 liv.	204	— —	25 liv.
6 073	—	de 7 liv.	234	— —	7 liv.

65 677

2º Pour les bouches à feu françaises.

8 564	obus	de 24	714	par canon	de 24
6 409	bombes	de 27ᶜ	668	par mortier	de 27ᶜ
1 337	—	de 22ᶜ	801	—	de 22ᶜ

16 310

3º Pour les bouches à feu bavaroises.

15 600	obus	de 15ᶜ	557	par canon	de 15ᶜ
13 600	—	de 12ᶜ	1 700	—	de 12ᶜ
1 800	bombes	de 60 liv.	225	par mortier.	

31 000

4º Pour les bouches à feu badoises

18 400	obus	de 12ᶜ	1 150	par canon	de 12ᶜ
2 200	bombes	de 60 liv.	366	par mortier de 60 liv.	

20 600

Total des munitions arrivées jusqu'aux parcs : 133 587 coups (en moyenne 673 coups par pièce rayée et 320 par mortier lisse).

VI. Transport du matériel.

Parc prussien.

1º Par chemin de fer de Strasbourg à Mulhouse ou à Dannemarie et de là, par voie de terre, à Châlonvillars ou à Moval.

	PAR VOIE ferrée.	PAR VOIE DE terre.
	Nombre d'essieux.	Nombre d'attelages à 2 chev.
93 bouches à feu, plus les affûts, voitures et attirails correspondants.	172	277
Bois de plates-formes.	4	18
Munitions. { 86 553 coups jusqu'à Mulhouse ou Dannemarie.	932 environ.	»
57 527 (¹) de là jusqu'aux parcs. .	»	2 226 environ.

(¹) 29 026 coups ne furent pas expédiés au delà de Dannemarie.

2º Par voie de terre, de Neuf-Brisach à La Chapelle ou Châlon-villars, et de là à Moval.

NOMBRE
d'attelages à
2 chevaux.

58 bouches à feu, avec les affûts, voitures, attirails correspondants. 250

Bois de plates-formes, outils, etc.

de Neuf-Brisach à La Chapelle ou Châlonvillars 89

de Châlonvillars à Moval 57

Munitions : 24 460 coups. — A Châlonvillars et Moval environ. 1 400

Parc bavarois.

44 bouches à feu, avec les affûts, voitures et attirails correspondants, approvisionnées à 43 000 coups, furent envoyées par chemin de fer d'Ingolstadt, de Landau et Germersheim à Danne-marie ; le transport des 44 bouches à feu avec 31 000 coups, de Dannemarie au parc, du 18 décembre au 13 février, exigea environ 550 voitures attelées à 4 chevaux (les pièces à 6 et 8 chevaux).

Parc badois.

Le transport des 22 bouches à feu avec le matériel afférent et 20 600 coups, de Rastadt à Dannemarie par voie ferrée, exigea environ 150 essieux, et de Dannemarie à Charmois par voie de terre, 40 à 60 attelages à 2 chevaux pendant plusieurs jours.

VII. — Armement, objectifs, consommation, etc., des diverses batteries de siége.

Nos des batteries.	ARMEMENT.	OBJECTIFS PRINCIPAUX.	DURÉE de la construction.	DURÉE DU FEU ET MUNITIONS CONSOMMÉES.
1	4 canons de 12c.	Bellevue, Tuilerie, Scierie (1 600m), ville (3 200m), Château (3 000m).	Du 2 au 3 décembre. 10 heures.	Du 3 au 30 décembre. — 28 jours. 3 050 obus. / 326 shrapnels } 3 376
2	2 canons de 12c. / 2 canons de 15c courts.	Basses-Perches (3 750m). / Htes-Perches, Château (3 150m), ville (3 150m).	Du 2 au 3 décembre. 13 heures.	Du 3 au 28 décembre. — 26 jours. 1 411 ob. 12c. / 68 sh. 12c. } 1 479 1 466 ob. 15c. / 25 sh. 15c. } 1 491
3	4 canons de 15c courts.	Barres (1 950m), ville (3 150m), Château (3 250m).	Du 2 au 3 décembre. 12 heures.	Du 3 décembre au 4 janvier. — 33 jours. 2 591 ob. / 87 sh. } 2 678
4	4 canons de 15c longs.	Château (3 200m), Barres (1 950m), enceinte (2 000m).	Du 2 au 3 décembre. 10 heures.	Du 3 au 23 décembre. — 21 jours. 2 033 ob. / 87 sh. } 2 120
5	4 canons de 12c.	Barres (1 950m), ville (3 100m), Bellevue (1 950m).	Du 2 au 3 décembre. 9 heures.	Du 3 décembre au 9 janvier. — 38 jours. 3 370 ob. / 364 sh. } 3 734
6	4 mortiers de 27c. (plus tard 1 de 22c et 1 de 27c).	Bellevue (1 650m), Barres (1 930m).	Du 2 au 3 décembre. 11 heures.	Du 3 décembre au 16 janvier. — 41 jours. 2 929 b. de 27c. 381 b. de 22c.
7	4 canons de 24 longs français.	Château (3 200m), plus tard Barres (1 200m), Bellevue (2 000m).	Du 2 au 3 décembre. 13 heures.	Du 3 décembre au 13 février. — 51 jours. 4 256 ob.
8	4 canons de 9c.	Andelnans (1 200m), Danjoutin (2 250m).	Du 12 au 13 décembre. 11 heures.	13 décembre. — 5 heures. 143 ob. / 8 sh. } 151
8a	4 canons de 9c. (plus tard 2 de 12c.)	Danjoutin (2 100m-2 600m).	Du 17 au 18 décembre. 12 heures.	Du 18 décembre au 7 janvier. — 21 jours. 501 ob. 9c. / 5 sh. 9c. } 506 340 ob. 12c. / 25 sh. 12c. } 365
9	2 mortiers de 27c.	Danjoutin (1 700m), Basses-Perches (2 250m).	Du 18 au 22 décembre.	Du 7 au 8 janvier. 120 bombes.
10	4 canons de 15c longs.	Château (2 550m-2 900m), Justice (3 750m), Miotte (1 400m).	Du 24 au 27 décembre.	Du 28 décembre au 30 janvier. — 34 jours. 1 840 ob. / 44 sh. } 1 884
11	4 canons de 12c.	Bellevue et Scierie (975m), ville (2 550m-3 000m).	Du 24 au 28 décembre.	Du 28 décembre au 31 janvier. — 35 jours. 4 151 ob. / 267 sh. } 4 418
12	4 canons de 15c longs.	Hautes-Perches (3 300m-3 600m), Basses-Perches (2 550m-2 850m), terrain intermédiaire.	Du 24 au 27 décembre. 48 heures.	Du 28 décembre au 9 février. — 44 jours. 4 559 ob. / 42 sh. } 4 601
13	4 canons de 15c longs.	Hautes-Perches (2 100m), Justice (3 860m).	Du 24 au 25 décembre. 16 heures.	Du 25 décembre au 2 février. — 40 jours. 5 240 ob. / 208 sh. } 5 448
14	4 canons de 15c longs.	Hautes-Perches (2 100m), Justice, casernes, bastion 7, etc. (3 600m-3 800m).	Du 24 au 25 décembre. 13 heures.	Du 25 décembre au 10 février. — 48 jours. 5 733 ob. / 110 sh. } 5 843
15	3 mortiers de 27c. 1 — de 22c. (plus tard 4 de 27c.)	Hautes-Perches (1 900m), Basses-Perches (1 200m).	Du 1 au 8 janvier. 7 jours	Du 8 janvier au 1er février. — 25 jours. 113 b. 22c. 1 911 b. 27c.
16	4 canons de 12c.	Perches (1 400m-1 800m).	Du 28 au 31 décembre. 3 jours.	Du 7 janvier au 2 février. — 27 jours. 4 849 ob. / 70 sh. } 4 919
17	4 canons de 12c.	Hautes-Perches (1 800m), Basses-Perches (1 350m), faubourg de France (3 000m).	Du 29 déc. au 6 janv. 9 jours.	Du 7 janvier au 10 février. — 35 jours. 5 108 ob. / 181 sh. } 5 289
18	4 canons de 12c.	Basses-Perches (1 400m), Danjoutin (750m).	Du 29 déc. au 6 janv. 9 jours.	Du 7 janvier au 10 février. — 35 jours. 4 722 ob. / 120 sh. } 4 842
19	2 mort. rayés de 21c. (2 mortiers de 25 liv. le 27 janvier).	Château (2 400m), Bellevue (900m).	Du 24 déc. au 5 janv. 5 jours.	Du 7 janvier au 13 février. — 37 jours. 518 ob. de 21c. 988 b. de 25l.
20	4 canons de 12c.	Pérouse et bois environnants (2 100m, 2 250m, 2 600m et 3 450m).	Du 28 au 31 janvier.	Du 7 au 20 janvier. — 14 jours. 1 950 ob.
21	2 mort. rayés de 21c. 2 mortiers de 27c.	Château (2 250m), ville.	Du 17 au 28 janvier.	Du 29 janvier au 13 février. — 16 jours. 649 ob. de 21c. 401 b. de 27c.

Nos des batteries.	ARMEMENT.	OBJECTIFS PRINCIPAUX.	DURÉE de la construction.	DURÉE DU FEU ET MUNITIONS CONSOMMÉES.
22	4 canons de 24 franç.	Justice (3 500m), Miotte (4 100m).	Du 16 au 21 janvier. 40 heures.	Du 21 janvier au 13 février. — 24 jours. 3 165 ob.
23	4 canons de 15c longs.	Château (2 250m), ville (2 200m), Barres (2 400m).	Du 9 au 11 janvier. 3 jours.	Du 21 janvier au 8 février. — 19 jours. 2 184 ob., 57 sh. } 2 241
24	4 canons de 15c longs.	Château (2 250m).	Du 10 au 13 janvier. 3 jours.	Du 21 janvier au 13 février. — 24 jours. 2 598 ob., 108 sh. } 2 706
25	5 canons de 12c.	Espérance et ville (2 850m), Bellevue (1 350m), Basses-Perches (1 600m).	Du 10 au 11 janvier. 1 jour.	Du 21 janvier au 13 février. — 24 jours. 2 938 ob., 360 sh. } 3 298
26	4 mortiers de 50 liv.	Basses-Perches (700m).	Du 28 au 29 janvier. 28 heures.	Du 31 janvier au 8 février. — 9 jours. 1 638 bombes.
27	4 canons de 12c.	Hautes-Perches et terrain en arrière (1 200m environ), Château (2 300m).	Du 30 janv. au 2 fév. 24 heures.	Du 1er au 10 février. — 10 jours. 656 ob., 338 sh. } 994
28	4 mortiers de 60 liv.	Hautes-Perches (1 100m).	Du 29 au 31 janvier. 2 jours et demi.	Du 1er au 8 février. — 8 jours. 892 bombes.
29	8 mortiers de 7 liv.	Hautes-Perches (400m-250m).	2 février. 25 heures.	Du 3 au 8 février. — 6 jours. 1969 bombes.
30 30a	4 mortiers de 7 liv.	Basses-Perches (300m-400m). Terrain entre les Perches (400m).	1 février (une nuit). 5 février (une nuit).	Du 2 au 8 février. — 7 jours. Du 6 au 8 février. — 3 jours. } 1 757 bombes.
31	2 mortiers de 60 liv. 2 mortiers de 27c.	Justice (1 700m), Miotte (2 100m).	1 février. 24 heures.	Du 3 au 13 février. — 11 jours. 1 200 b. de 60 l. 660 b. de 27c.
32	4 canons de 12c.	Justice (1 600m), Miotte (2 100m).	Du 31 janv. au 3 fév. 2 jours et demi.	Du 3 au 13 février. — 11 jours. 3 286 ob., 42 sh. } 3 328
33	4 canons de 12c	Fourneau (1 800m), communication avec Perches (1 450m), Château (2 200m).	Du 1 au 3 février. 2 jours et demi.	Du 4 au 13 février. — 10 jours. 1 499 ob., 98 sh. } 1 597
34	2 canons de 9c. 2 mortiers de 25 liv.	Hautes et Basses-Perches (800m-600m).	Du 3 au 7 février. 4 jours.	Du 4 au 8 février. — 5 jours. 387 ob., 134 sh. } 521 + 100 b.
35	2 canons de 9c.	Hautes-Perches (900m).	4 février (une nuit).	Du 5 au 8 février. — 4 jours. 247 ob., 64 sh. } 311
36	2 canons de 9c.	Bellevue (1 050m).	Du 6 au 7 février. une nuit.	Du 7 au 13 février. — 7 jours. 185 ob., 101 sh. } 286
37	4 canons de 15c longs.	Château (1 600m), Justice (1 300m).	Du 24 janv. au 6 févr. 13 jours.	Du 9 au 13 février. — 5 jours. 850 ob., 89 sh. } 939
38	4 canons de 15c longs.	Justice (1 400m-1500m), Château (1 600m).	Du 24 janv. au 8 févr. 15 jours.	Du 9 au 13 février. — 5 jours. 513 ob., 73 sh. } 586
39	4 canons de 15c longs.	Château (1 500m), Miotte (1 800m).	Du 24 au 27 janvier. 4 jours.	Du 9 au 13 février. — 5 jours. 846 ob., 92 sh. } 938
40	2 (plus tard 4) mortiers de 27c. 2 mortiers de 22c.	Château (1 500m).	Du 7 au 9 février. 50 heures.	Du 10 au 13 février. — 4 jours. 500 b. de 27c. 200 b. de 22c.
41	6 mortiers de 60 liv.	Château (1 400m).	8 févr. 1 jour et demi.	Du 11 au 13 février. — 2 jours. 110 b.
42	4 mortiers de 7 liv.	Bellevue (400m).	Du 10 au 11 février. 24 heures.	Du 11 au 13 février. — 3 jours. 124 b.
43	4 canons de 12c.	Château (1 100m).	Du 10 au 11 fév. — 36 h.	N'a pas tiré.
44	4 canons de 12c.	Château (1 100m).	Du 10 au 11 fév. — 36 h.	Id.
45	4 canons de 15c longs.	Château (1 100m).	Du 9 au 12 fév. — 32 h.	Id.
46	2 mortiers de 50 liv. 2 — de 27c.	Château (1 100m).	Du 12 au 14 fév. — 48 h.	Id.
47	4 canons de 15c courts.	Château (1 100m), Miotte (2 300m).	Du 10 au 11 fév. — 26 h.	Id.
48	4 canons de 15c longs.	Château (1 100m).	Du 11 au 14 fév. — 72 h.	Id.
49	4 canons de 12c.	Château (1 100m).	Du 10 au 13 février. (3 nuits).	Id.
50	4 canons de 12c.	Château (1 100m).	Du 11 au 14 février. (une nuit).	Id.
51	4 canons de 15c longs.	Château (1 200m). Enceinte.	Du 10 au 13 février. 2 jours et demi.	Id.
52	4 canons de 24 franç.	Barres (1 900m), Bellev. (1 700m), Chât. (1 200m).	Du 10 au 13 fév. — 60 h.	Id.
53	4 canons de 15c longs.	Justice (1 500m), Miotte (2 000m).	Du 7 au 13 fév. — 70 h.	Id.

SIÉGE DE MONTMÉDY

D'après l'ouvrage · *Geschichte der Beobachtung, Einschliessung, Belagerung und Beschiessung von Montmedy im deutsch-französischen Kriege 1870-1871*, von SPOHR, Major à la suite des Brandenburgischen Fuss-Artillerie-Regiments Nᵒ 3 und Artillerie-Offizier vom Platz in Mainz. — Berlin, Vossische Buchhandlung. 1877 (¹).

Situation et importance de la place de Montmédy. — Située à 6 kilomètres de la frontière de Belgique, à égale distance à peu près de Longwy et de Sedan, la place de Montmédy, sans valeur stratégique d'ailleurs au point de vue offensif, reliait la ligne de défense de la Moselle à celle de la Meuse ; elle commandait le chemin de fer des Ardennes, de Mézières à Thionville, par la vallée de la Chiers, la ·grande route de Luxembourg à Paris, les routes de Metz à Sedan, de Montmédy à la frontière, et quelques autres voies secondaires. Son importance à ce point de vue était considérablement diminuée par le grand nombre de chemins bien entretenus qui sillonnent aujourd'hui les Ardennes, mais, comme fort d'arrêt du chemin de fer, elle en avait encore une très-réelle, qui lui permit de jouer un rôle dans la guerre de 1870.

Montmédy comprend une ville haute et une ville basse : la première est construite sur un plateau dominant de 70 mètres la vallée de la Chiers et forme un triangle à peu près rectangle, dont les angles aigus sont au N. et au S.; les côtés tournés vers le N.-E. et le S.-E. bordent des

---

(¹) Pour tout ce qui concerne la défense, nous renvoyons au récit très-complet de M. de LORT SÉRIGNAN, *le Blôcus de Montmédy*, publié dans le *Spectateur militaire* (juin à novembre 1873).

pentes assez raides, tandis que du côté O. le plateau s'abaisse en pente plus douce vers la Chiers. L'enceinte, très-irrégulière, comprend une série de tours polygonales, reliées entre elles par des courtines droites, ce qui donne à l'ensemble l'apparence d'un tracé bastionné ; les escarpes, très-hautes, dominent fortement le terrain, mais sont exposées presque en entier aux vues de l'ennemi ; les fossés ne sont qu'incomplétement flanqués et par des feux très-plongeants ; aussi, pour y remédier, a-t-on établi des flancs bas dans quelques-uns des bastions. Quatre demi-lunes, une contre-garde, deux bastions détachés et un chemin couvert, en avant duquel se trouvent un ouvrage à cornes et une flèche, complètent la fortification de la ville haute.

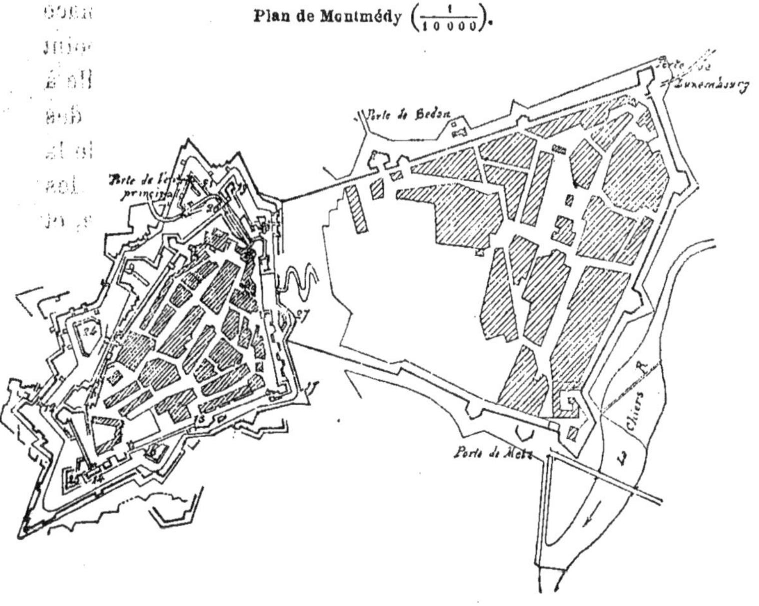

Plan de Montmédy $\left(\frac{1}{10\,000}\right)$.

La ville basse (Médy-Bas), qui s'étend entre la Chiers et les pentes orientales du plateau de la ville haute, forme

Plan des environs de Montmédy, indiquant les positions des batteries de siége ($\frac{1}{80\,000}$).

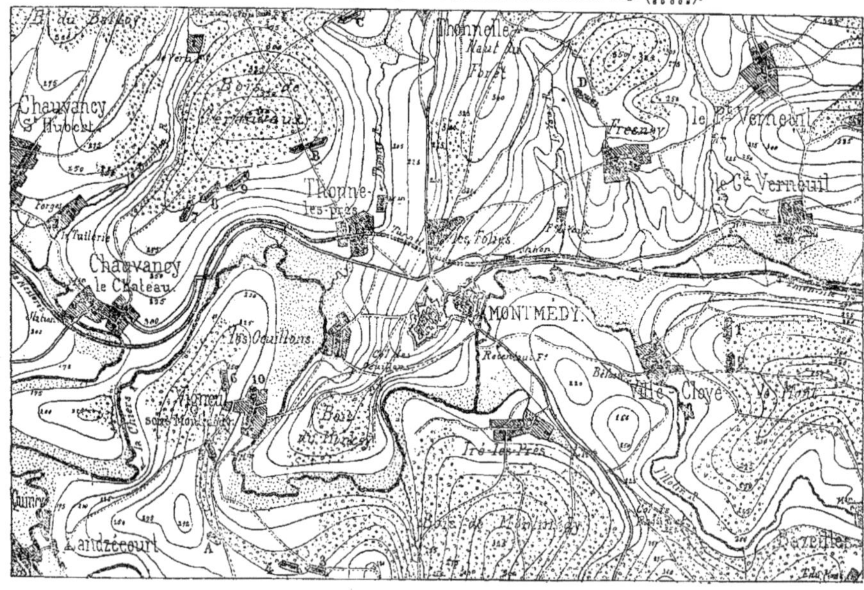

un trapèze dont la petite base est appuyée à celle-ci, et la grande base, légèrement convexe, est baignée par la Chiers; elle est entourée d'un simple mur crénelé et d'un fossé que flanquent six tambours en maçonnerie.

D'après le projet d'armement de 1867, la place devait posséder 65 bouches à feu, dont 25 rayées; en réalité, sur ces 65 pièces, il n'en existait que 8 rayées (2 de 24 et 6 de 12 de place) au moment où éclata la guerre. La garnison, à la fin du mois d'août, ne se composait que d'un dépôt d'infanterie, d'une compagnie de garde nationale et d'un bataillon de garde mobile en voie de formation; elle fut renforcée plus tard par des échappés de Sedan.

La raideur des pentes de la vallée de la Chiers rend difficile l'accès de la ville par l'E., le S. et l'O.; d'un autre côté, le plateau dominant du Haut-des-Forêts au N. n'est relié à celui de la ville que par une croupe étroite, entre les ruisseaux de la Thonne et du Vaux, et la nature rocheuse du terrain se prête peu aux travaux de sape. Mais, si les environs de Montmédy ne sont point favorables à l'attaque pied à pied, ils sont avantageux à l'action éloignée de l'artillerie et au bombardement, car la ville est entourée, à une distance de 2 500 à 4 500 mètres, par une ceinture de hauteurs qui offrent d'excellentes positions aux batteries de l'assaillant (Haut-des-Forêts, bois de Géranvaux, hauteurs de Villé-Cloye, etc.); le terrain sans doute est rocailleux, mais, sur la lisière des bois qui couvrent les hauteurs, les batteries peuvent trouver un sol plus favorable.

Premier bombardement (5 *septembre*). — Aussitôt après la bataille de Sedan, le prince royal de Saxe, commandant en chef l'armée de la Meuse, songea à s'assurer la possession du chemin de fer des Ardennes, et, dès le 4 septembre, le général prince de Hohenlohe reçut l'ordre de s'emparer de Montmédy en bombardant cette place avec les pièces de campagne du Corps de la garde.

Le prince de Hohenlohe, ayant sous ses ordres une brigade d'infanterie, 6 escadrons de uhlans et 11 batteries, arriva dans la nuit du 4 au 5 près de Thonnelle. Le 5, à 6 heures du matin, il divisa son détachement en trois colonnes : celle de droite (un régiment d'infanterie, un escadron, 5 batteries) fut dirigée sur le bois de Géranvaux ; les cinq batteries prirent position sur la lisière S. du bois, à l'O. de Thonne-les-Prés, à 3 000 mètres environ de la place. La colonne de gauche (un bataillon, un escadron) fut envoyée entre les villages du Petit-Verneuil et du Grand-Verneuil pour couvrir le flanc gauche. Enfin, au centre, le prince de Hohenlohe, gardant avec lui 2 bataillons, 2 escadrons et 6 batteries, disposa ces dernières sur les pentes O. du Haut-des-Forêts, à 2 800 ou 3 000 mètres de la place, les batteries de 8ᶜ à gauche pour enfiler les fronts O., celles de 9ᶜ à droite pour contre-battre les fronts N. ; l'espace était assez resserré et les intervalles des pièces durent être réduits à 8 mètres. Un bataillon occupa Thonnelle qu'il mit en état de défense ; l'autre fut poussé à 500 mètres en avant pour couvrir l'aile droite des batteries.

Le feu commença vers 9 heures et demie, et, une fois le tir réglé, continua avec une certaine vivacité. Vers 10 heures et demie, le prince de Hohenlohe fit avancer ses deux batteries à cheval de la colonne du centre sur une hauteur située au N.-E. et à 2 100 mètres de la place, en avant du bois du Petit-Verneuil, ce qui permit aux autres batteries de se desserrer un peu.

De grand matin l'assiégé avait aperçu des mouvements de troupes dans les environs, et vers 8 heures, il avait envoyé quelques projectiles contre la cavalerie dans la vallée de la Thonne et contre les reconnaissances sur le Haut-des-Forêts. Les premiers obus qui tombèrent dans la ville y firent naître un grand désordre ; la plupart des canonniers étant en ce moment employés au chargement des obus, la place ne riposta d'abord qu'avec un canon de

24, dirigé principalement contre l'aile droite des batteries du Haut-des-Forêts; les batteries du bois de Géranvaux ne furent pas inquiétées.

Plusieurs incendies ayant éclaté dans la ville, on suspendit le feu pour sommer la place de se rendre, et les batteries se retirèrent à 300 ou 400 mètres en arrière de leurs positions; vers une heure elles les reprirent, sauf une des batteries de 9ᶜ, qui, postée d'abord sur les pentes du Haut-des-Forêts, vint se placer sur le sommet du plateau. Elles continuèrent le feu, mais plus lentement que le matin, pour épargner les munitions; la place ne ripostait qu'avec un canon rayé de 24 et deux de 12, dirigés contre les batteries du Haut-des-Forêts et du bois du Petit-Verneuil, qui eurent quelques hommes blessés. Dans la ville, les incendies avaient pris de plus grandes proportions. Cependant vers deux heures on arrêta complétement le feu, et, comme on n'espérait pas obtenir avec des pièces de campagne la reddition de la place, le détachement du prince de Hohenlohe reçut l'ordre de continuer sa marche sur Laon. Les batteries avaient lancé contre la ville 1 152 obus de 9ᶜ et 2 660 de 8ᶜ, en tout 3 812 coups, dont 2 500 environ avaient atteint la ville haute; elles avaient perdu 4 canonniers (1 tué, 3 blessés) et 8 chevaux; la cavalerie et l'infanterie n'avaient point subi de pertes.

Période du 6 septembre au 15 novembre. — A ce bombardement de quelques heures succéda une période de plus de deux mois, pendant laquelle la place ne fut plus inquiétée; la garnison, renforcée par des isolés échappés au désastre de Sedan, en profita pour faire quelques expéditions dans les environs, essayant de troubler les communications des Allemands et leur service d'étapes. C'est ainsi que le 11 septembre elle fit sauter le tunnel et le viaduc de Tivoli, et que le 13 elle surprit une compagnie de landwehr, en marche sur Stenay, à laquelle elle tua ou blessa 10 hommes et fit 33 prisonniers. Le général de

Bothmer, commandant les troupes chargées de l'investissement de Verdun, crut devoir faire surveiller la place de
Montmédy : un bataillon d'infanterie fut chargé de cette
mission et vint occuper, le 1er octobre, les villages de
Han-lès-Juvigny, Landzécourt, Quincy, Chauvancy-le-
Château et Thonne-les-Thil ; cette ligne étant trop étendue, on réunit, le lendemain, la moitié du bataillon à
Chauvancy et l'autre moitié à Thonne-les-Thil, puis, le
4 octobre, presque tout le détachement à Stenay, pour
couvrir le commandement d'étapes qui semblait un peu
exposé. Mais, le 7 octobre, ce bataillon fut rappelé sur la
ligne d'investissement de Verdun, de sorte que Stenay ne
fut plus occupé que par une demi-compagnie de landwehr,
qui fut renforcée le lendemain par une autre compagnie
venant de Sedan. Informée de ce fait, la garnison de
Montmédy tenta, dans la nuit du 11 au 12, un hardi coup
de main qui fut couronné d'un plein succès ; une petite
colonne sortit de la place, surprit et enleva la garnison de
Stenay : 5 officiers, 200 hommes, des chevaux et des voitures
tombèrent entre ses mains. Encouragée par cet exploit, elle
songeait à faire une tentative plus audacieuse encore sur
Sedan le 21 octobre, mais les Allemands, qui eurent vent
du projet, prirent leurs précautions, et un conseil de
guerre tenu dans la place jugea l'opération impraticable.

Le commandant du génie Tessier arriva le 28 octobre
dans la place et prit le commandement supérieur qu'avait
exercé jusque-là le capitaine Reboul.

Le 6 et le 7 novembre, la garnison essaya, par des sorties, d'entraver la marche de quelques colonnes allemandes à Iré-le-Sec et à Jametz.

Investissement. — Le 11 novembre, un détachement
des 13e et 14e divisions allemandes, comprenant 5 bataillons, 4 escadrons et une batterie, stationnés dans les environs de Metz, fut mis en route, sous les ordres du colonel
Pannwitz, pour procéder à l'investissement de Montmédy.
Le colonel arriva le 14 à Longuyon et se dirigea le 15

sur Marville ; il divisa son détachement en quatre groupes, auxquels il assigna, dans l'opération de l'investissement, les objectifs suivants :

1° Au S., observer et barrer la route de Montmédy à Longuyon, occuper Iré-le-Sec et Flassigny ;

2° A l'O., barrer la route de Stenay à Montmédy, occuper Chauvancy-le-Château et Chauvancy-Saint-Hubert ;

3° Au N., couper la route de Sedan et occuper Thonnelle et Thonne-le-Thil ;

4° A l'E., barrer le chemin conduisant à la frontière belge et occuper le Grand-Verneuil et le Petit-Verneuil.

Les troupes des 1er et 2e secteurs atteignirent le 15 au soir leurs cantonnements, après avoir échangé quelques coups de fusil avec les reconnaissances sorties de la place ; mais les troupes des 3e et 4e secteurs ne purent arriver à destination ce jour-là. Le lendemain, la garnison fit des sorties soutenues par le feu de la place, dans la direction de Thonne-les-Prés, vers le bois de Géranvaux et vers Thonne-le-Thil. Des escarmouches assez vives eurent encore lieu les jours suivants, et ce ne fut guère que le 18 au soir que la place fut à peu près complétement investie.

Dans la nuit du 19 au 20, le commandant du corps d'investissement, pour se garantir contre les sorties de la place, fit sauter le pont sur la Chiers à Vigneul, et, le 21, il fit jeter un pont de chevalets à l'O. du bois de Vigneul. Les grand'gardes furent inquiétées pendant toute cette période par les obus de la place et par les tirailleurs postés sur le Montcey. Le 24 au matin, la grand'garde de Vigneul fut surprise et enlevée par un détachement de la garnison. Ces escarmouches continuelles, qui durèrent jusqu'à la fin du mois, engagèrent le colonel Pannwitz à demander des renforts qui lui arrivèrent à partir du 27. Aussitôt après la prise de Thionville (25 novembre), le général de Kameke, commandant la 14e division, prit le commandement des troupes destinées à former le corps de siége de Montmédy et à observer Longwy. Du 27 novembre au

6 décembre arrivèrent sur Montmédy le reste des troupes de la 14e division avec 10 compagnies d'artillerie de for-teresse et 4 de pionniers de forteresse. Le 4 décembre, le général de Kameke arriva à Marville et donna les ordres né-cessaires pour la répartition des troupes d'investissement; les 9 bataillons et les 3 batteries qui en faisaient partie à cette date furent répartis entre les trois secteurs suivants :

Le 1er secteur, comprenant le terrain, à l'O. et au S. de la place, depuis Chauvancy-le-Château jusques et y com-pris Iré-le-Sec, fut occupé par 3 bataillons et 1 batterie ;

Le 2e, au S.-E. et à l'E., entre Iré-le-Sec et le Grand-Verneuil, 3 bataillons et 1 batterie;

Le 3e, au N., entre Chauvancy-le-Château et le Grand-Verneuil, 3 bataillons et 1 batterie.

Les positions indiquées furent occupées par les troupes dans les journées des 5 et 6 décembre.

La division en secteurs avait été faite de telle façon que les deux rives de chaque rivière ou ruisseau (la Chiers à l'O. et à l'E. de la place, le Loison au S.-O, la Thonne au N., l'Hotin et l'Iré au S.-E.) fussent comprises dans un même secteur, les commandants supérieurs de chaque groupe du corps d'investissement ayant ainsi un intérêt plus grand à assurer leur liaison avec le secteur voisin que si les limites avaient été formées par les ruisseaux. Du 5 au 7 décembre on construisit un pont sur la Chiers, entre Velosne et Écouviez, et un autre sur le Loison, entre Quincy et Landzécourt, ce dernier, praticable pour les pièces les plus lourdes du parc de siége.

Pendant que se terminait ainsi l'investissement, la place resta dans l'expectative, sauf quelques obus qu'elle tira dans les journées des 5 et 6 et qui ne produisirent point d'effet.

Détermination du plan d'attaque. — Le major Schmel-tzer, commandant de l'artillerie du corps de siége, et le major Treumann, chef du génie, arrivés le 29 devant la place, firent, dès le lendemain, une première reconnais-sance du terrain des attaques. D'après les plans et les cartes dont il disposait, le général de Kameke considérait le front 12-14, au S.-O., comme se prêtant le mieux à une attaque accélérée; les batteries de siége devaient être établies de manière à faire brèche de loin à ce front; en tout cas, on devait chercher par un bombardement énergique à obtenir la reddition de la place. Les commandants de l'artillerie et du génie trouvèrent des positions favorables pour les batteries sur les hauteurs au S. de Vigneul et à l'E. de Landzécourt, la nature du sol facilitant leur construction, qui pouvait avoir lieu de jour à l'abri des vues de la place.

Le 1er décembre on visita les hauteurs de Chauvancy-le-Château, où l'on reconnut de bons emplacements pour des batteries enfilant tout le front S.-O. A la suite d'une reconnaissance faite le lendemain dans le bois de Montmédy, on jugea nécessaire d'en faire occuper la lisière N.

Le résultat de ces reconnaissances fut qu'on pourrait établir trois groupes de batteries de bombardement sur les hauteurs suivantes :

1° A l'E. de la place, sur les hauteurs de Villé-Cloye;

2° Au S.-O., sur les hauteurs entre le bois de Montmédy et Vigneul;

3° Au N.-O., sur la lisière S. du bois de Géranvaux.

Les chemins qui y donnaient accès étaient en bon état; cependant ils présentaient des pentes assez raides qui, par la neige et la gelée, devaient rendre les transports difficiles.

Sur les autres hauteurs qui entourent et dominent la place, on trouvait encore d'excellentes positions pour l'artillerie, mais on renonça à les utiliser pour les raisons suivantes : le Montcey, parce qu'il était encore occupé par l'assiégé et trop près du canon de la place pour qu'on pût l'en déloger sans pertes sensibles; la hauteur du bois de Montmédy, à cause de la nature rocheuse du sol et des difficultés qu'y aurait rencontrées la construction des batteries; les hauteurs au N. et au N.-E., parce qu'on aurait eu beaucoup de peine à y faire arriver des pièces de gros calibre;

en effet, on n'espérait pas pouvoir établir une communication
suffisamment sûre entre les deux rives du cours supérieur
de la Chiers pour le passage des bouches à feu, et d'un
autre côté, on ne pouvait espérer leur faire faire le détour
par Chauvancy, le bois du Belloy et Thonnelle, dans des
chemins de montagne impraticables pendant cette saison.

D'après le projet d'attaque, on devait construire les
batteries suivantes :

A l'aile droite, sur les hauteurs de Villé-Cloye, les
batteries 1 et 2, prenant à dos le front 12-14;

Au centre, près de Vigneul, les batteries 3, 4, 5, 6 et
10, contre-battant directement le front d'attaque et devant pouvoir être employées comme batteries de brèche,
armées dans ce but des pièces du plus fort calibre ;

A l'aile gauche, près du bois de Géranvaux, les batteries 7, 8 et 9, enfilant le front d'attaque.

Primitivement, on avait voulu construire encore deux
autres batteries près d'Iré-les-Prés, entre le 1er et le 2^e
groupe de batteries, armées chacune de 4 mortiers de 22^{c};
mais on y renonça, parce qu'il aurait fallu, au préalable,
s'emparer d'Iré-les-Prés, et qu'elles auraient été exposées
au feu convergent de tout le front S. de la ville. Pour en-
velopper la place de feux de tous côtés, on résolut de
préparer quelques emplacements pour pièces de campagne,
un au S.-O., un au N.-O., et deux au N., qui furent dési-
gnés par les lettres A, B, C et D; les batteries A et B
devaient en outre tirer sur le Montcey, d'où partaient souvent des feux de mousqueterie gênants pour l'assiégeant.

Préparatifs pour le bombardement. — Le parc de siége
destiné à réduire Montmédy fut constitué à Thionville de
la manière suivante :

8 canons de 15^c longs (en acier);

11 id.   de 15^c courts (en fonte), dont 1 en réserve;

25 id.   de 12^c (en bronze), dont 5 en réserve;

4 mortiers rayés de 21^c (en bronze);

4 id.   lisses de 22^c;

En tout, 52 bouches à feu avec un premier approvisionnement de 300 obus et 30 shrapnels par canon, et de 150 coups par mortier.

On choisit, pour y installer le parc, un emplacement près de Juvigny-sur-Loison, à 5 500 mètres de la place, bien couvert par le bois de Montmédy et à proximité du centre des attaques, c'est-à-dire des batteries armées des canons les plus lourds. Pour les batteries des ailes, éloignées d'environ 7 kilomètres de Juvigny, dont elles étaient séparées par des vallées profondes, traversées par des chemins en mauvais état, on se décida à établir des parcs secondaires à Chauvancy-Saint-Hubert et à Bazeilles. Tout le matériel de siége devait être transporté par chemin de fer de Thionville à Longuyon, d'où des attelages militaires et de réquisition l'amèneraient aux parcs. Il fallut 12 trains et 7 jours, du 2 au 8 décembre, pour effectuer le transport de ce matériel qui constitua le chargement, sur la voie ferrée, d'environ 500 essieux et exigea, sur terre, 850 attelages à 4 ou 6 chevaux. Tous ces travaux s'exécutèrent par un très-mauvais temps et dans des conditions trèspénibles. Les convois n'eurent d'autre escorte que les compagnies d'artillerie de forteresse, qui furent armées, en prévision d'attaques possibles, de 50 fusils Chassepot par compagnie, avec 50 cartouches par fusil.

Le nombre total des compagnies d'artillerie de forteresse présentes, à cette époque, devant la place était de 12, plus un détachement de canonniers attachés à la Commission d'expériences, qui était spécialement destiné au service des canons de 15ᶜ courts et des mortiers rayés. Elles furent très-activement employées à préparer tout ce qui était nécessaire pour la construction des batteries, qui fut immédiatement commencée.

Le 8 décembre eurent lieu quelques modifications dans la répartition des troupes d'investissement, qui comptaient alors 11 bataillons, 4 escadrons et 4 batteries. Ces batteries furent cantonnées à proximité des emplacements

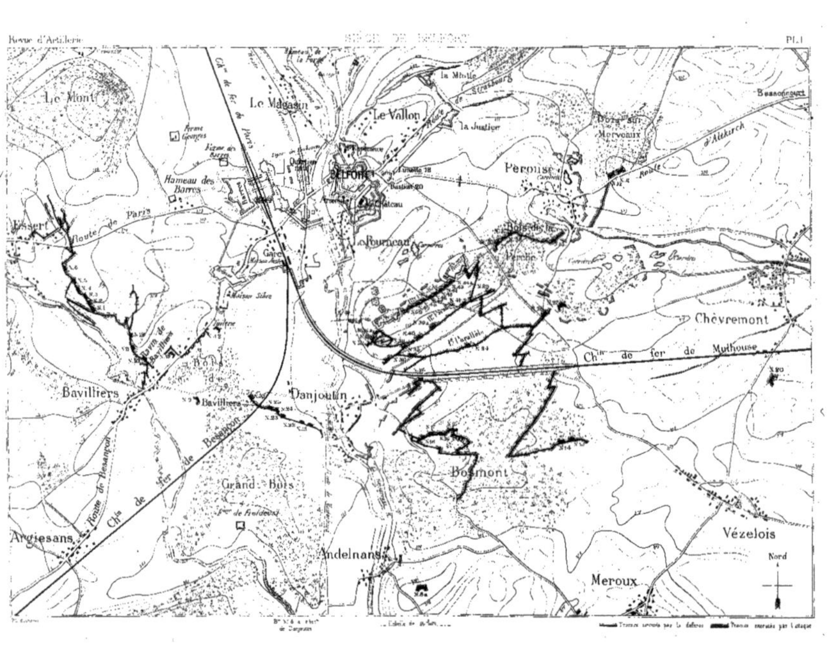

Le Mont
Le Magasin
Le Vallon
la Miotte
la Justice
Ferme Georges
Hameau de la Forêt
Usine des Barres
Hameau des Barres
BELFORT
le Château
Bastion 20
Essert
Route de Paris
Gare
Le Pourneau
Maison Sihre
Bois
Bavilliers
Ravin de Bavilliers
Danjoutin
Grand-Bois
Fort de Roidefond
Argiesans
Andelnans
Bois-de-la-Perche
Bois sur Morvonux
Perouse
Strasbourg
d'Altkirch
Route
Bessoncourt
Chèvremont
Chm de fer de Mulhouse
Bosmont
Vézelois
Meroux
Nord

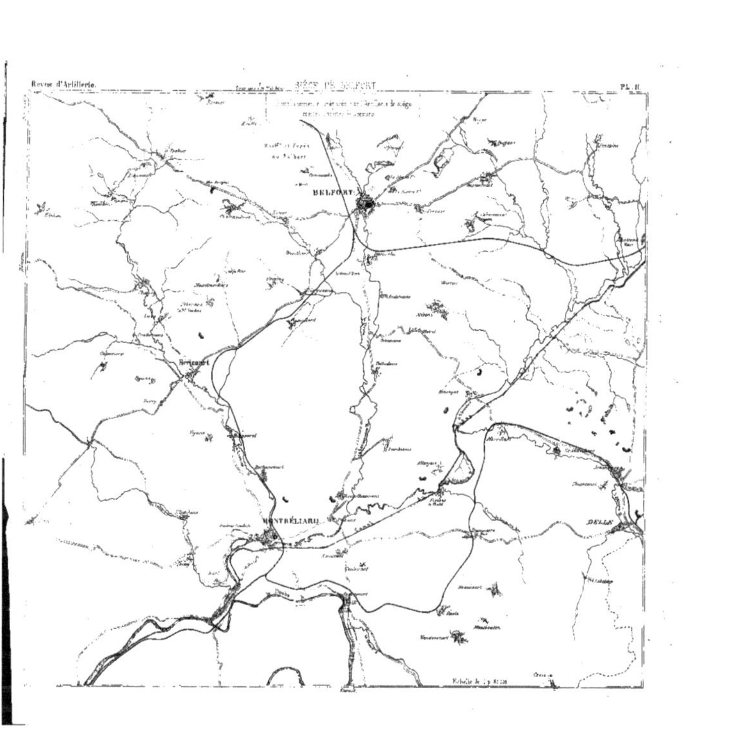
BELFORT
Mont et Forêt
du Salbert
MONTBÉLIARD
Héricourt
DELLE
Echelle de 1 à 80.000

qu'elles devaient préparer pour leurs pièces, destinées à prendre part au bombardement, concurremment avec les bouches à feu de siége.

Construction des batteries (*du 7 au 12 décembre*). — Dans les journées des 6 et 7, les commandants supérieurs des groupes de batteries reconnurent leurs emplacements; le travail ne put commencer simultanément pour toutes les batteries, le personnel étant employé, en grande partie, aux travaux urgents du parc.

Pour les batteries du centre, on put, en général, exécuter le travail de jour; la construction de la batterie 3 fut commencée le 7 et terminée le 10, inquiétée seulement dans la journée du 9 par les feux de mousqueterie du Montcey.

La batterie 4 fut exécutée du 8 au 10; on travailla à la batterie 5 le 8 et le 9, mais en butte au feu des tirailleurs du Montcey, on y suspendit le travail pour le reprendre le 9 au soir; la batterie fut armée le 11 au soir. La batterie 6 fut commencée dans la nuit du 8 au 9 et armée le 11 au soir.

Dans le groupe de gauche, la batterie 9 fut commencée le 8 au soir et terminée le 9 au matin; elle essuya le feu des fronts O. et E. de la place, mais les coups passaient à droite de la batterie; les batteries 7 et 8, commencées l'une le 9, l'autre le 10 au soir, furent prêtes le 11.

Enfin, à l'aile droite, les batteries 1 et 2 furent commencées le 9 dans la journée; dans la construction de la batterie 2 on rencontra le roc à $0^m,30$ de profondeur, et on dut la reporter à 200 mètres plus au N. de sa première position. Elles furent armées le 11. Quant aux emplacements pour pièces de campagne, ils furent tous préparés dans la nuit du 11 au 12.

Le tableau de la page suivante fait connaître l'armement et l'objectif de ces différentes batteries.

Resserrement de la ligne d'investissement. — Pour assurer une protection efficace aux batteries, on crut nécessaire de resserrer la ligne d'investissement et de déloger l'assiégé des villages qu'il occupait encore en avant de

Armement et objectif des batteries construites devant **Montmédy**.

BATTERIES	ARMEMENT.	OBJECTIFS.	DISTANCES
			mèt.
1	4 canons de 12ᶜ . .	Porte de communication avec la ville basse ; bastions 17 et 18 ; arsenal et magasins de l'artillerie ; magasin aux vivres, etc	de 3 100 à 3 300
2	4 canons de 12ᶜ . .	Gorge du front 12-14 ; bureaux de la place ; sous-préfecture ; pavillon des officiers	de 3 300 à 3 800
3	4 canons de 15ᶜ l. .	Front N.-O. ; courtine 12-9 ; bastions 9 et 7 ; face gauche et flancs du bastion 12 ; courtine 12-14	de 2 600 à 2 900
4	4 canons de 15ᶜ l. .	Bureaux de la place ; magasin aux blés ; courtines 12-9-7 et 12-14 ; flanc gauche du bastion 12	de 2 700 à 3 000
5	5 canons de 15ᶜ c. .	Escarpes du front 12-14. Front S. 14-15-17 ; magasin à poudre ; bâtiments divers de la ville haute	de 2 300 à 2 600
6	5 canons de 15ᶜ c. .	Même objectif que la batterie 5. . . .	de 2 200 à 2 400
7	4 canons de 12ᶜ . .	Face droite du bastion 12 ; flancs du bastion 14 ; porte principale du front N.-O ; bureaux de la place ; casernes.	de 2 800 à 2 900
8	4 canons de 12ᶜ . .	Intérieur de la ville ; face droite du bastion 12 ; flanc du bastion 14 . . .	de 2 700 à 2 900
9	4 canons de 12ᶜ . .	Face droite du bastion 12 ; front 12-14 ; bureaux de la place ; casernes. . . .	de 2 500 à 2 600
10	4 mortiers rayés de 21ᶜ.	Bastions 12 et 14 ; bâtiments situés en arrière de ces bastions	de 1 900 à 2 200
A	2 canons de 9ᶜ. . .	Bâtiments de la ville haute.	de 3 000 à 3 300
B	6 canons de 9ᶜ. . .	Front S.-O. 12-14 ; bastion 7 et face droite du bastion 12	de 2 200 à 2 400
C	6 canons de 9ᶜ. . .	Front E. de la ville haute et ouvrages du front N	de 3 300 à 3 500
D	6 canons de 9ᶜ. . .	Bâtiments du front S.-O. et bastion 18.	de 2 900 à 3 000

la place. Le 11 octobre au soir, on se rendit maître sans coup férir des villages d'Iré-les-Prés, de Vigneul, de Villé-Cloye et de Fresnoy, mais la prise de Thonne-les-Prés donna lieu à un petit combat, qui coûta quelques hommes à la compagnie chargée d'enlever ce village. Toutes ces localités furent immédiatement mises en état de défense.

Ordres pour la conduite du feu pendant le bombardement. — Dans la même journée, le commandant de l'artillerie arrêta les dispositions relatives à la conduite du feu pendant le bombardement, qui devait commencer le lendemain matin (12 décembre).

Le feu commencerait à 7 heures et demie du matin, au signal donné par la batterie 5. Le nombre de munitions à consommer par jour était ·fixé à 50 ou 60 par canon, à 30 ou 35 par mortier, avec une vitesse de tir de 5 coups par heure et par canon, de 3 coups par heure et par mortier, pendant la journée; cette vitesse serait réduite à partir de 4 heures du soir, à 1 coup par canon toutes les heures, et à 1 coup par mortier toutes les deux heures. Ce n'est que dans des cas exceptionnels que les commandants de batterie étaient autorisés à accélérer le tir davantage.

Les commandants supérieurs des groupes de batteries devaient s'entendre avec le commandant du parc pour toujours compléter à 250 coups par pièce l'approvisionnement de leurs dépôts intermédiaires.

Les batteries prendraient leurs mesures pour pouvoir employer, pendant le jour en cas de brouillard, les procédés de pointage de nuit.

Les pièces tirant contre les casernes, l'arsenal et le bâtiment du commandement de la place, lanceraient des obus incendiaires.

Les batteries de campagne ne prendraient part au bombardement que pendant le jour. Chacune d'elles conserverait à proximité des attelages pour deux pièces.

En même temps était organisé un service d'observateurs et de plantons à cheval pour renseigner les batteries et le commandant de l'artillerie sur tout ce qui pouvait les intéresser.

Ouverture du feu; bombardement (*du 12 au 14 décembre*). — Le 12 décembre, à 7 heures et demie du matin, la batterie 5 tira le premier coup de canon et, immédiatement après, toutes les autres batteries entrèrent en action. L'assiégé paraît avoir été surpris par l'ouverture du feu, car ce n'est que près de 20 minutes après qu'il commença à riposter. Les batteries profitèrent de ce retard pour régler leur tir, opération qui présenta de grandes difficultés, à cause du brouillard et de la confusion qui se produisit dans l'observation des points de chute. Les batteries du centre y réussirent cependant d'assez bonne heure, parce qu'elles pouvaient assez bien observer les coups dirigés contre les hautes escarpes de l'enceinte. Les bouches à feu de campagne éprouvèrent des difficultés particulières pour le réglage de leur tir, en raison de la petitesse de leurs projectiles.

Vers 8 heures, la place commençait un feu très-vif sur tous les fronts. Au front d'attaque, elle entrait en lutte avec 3 canons de 12 rayés, 2 canons de 16 lisses, 4 obusiers de 22^c et 2 mortiers de 27^c, contre les batteries 3, 4, 5, 6 et 10. Les batteries 7 et 8, B et C étaient contre-battues par les fronts N. et N.-O.; la batterie 9 par le bastion 12. Plus tard, presque toutes les pièces des fronts N. et N.-O. furent dirigées contre l'emplacement B, et parvinrent à réduire au silence la 1re section de cette batterie. Le feu des fronts S. et S.-O., concentré sur les batteries 5 et 10, y produisit également des dégâts sensibles; la batterie 10, bien couverte contre le tir de plein fouet, souffrit beaucoup du tir des bombes et des obus sphériques.

Le front E. contre-battait les batteries 1, 2 et D avec 2 canons de 24 rayés et 1 de 12 rayé, dont le tir, très-juste, n'occasionna cependant pas de pertes à l'assiégeant. Vers midi, les batteries 1 et 2 concentrant leur feu sur les canons de 24, parvinrent à démonter l'une de ces pièces.

Vers 4 heures du soir, le feu de la place fut interrompu sur toute l'enceinte; il ne fut pas repris pendant la nuit. Des batteries de siége, on n'aperçut aucun incendie dans la ville. Un assez grand nombre de bouches à feu avaient été détériorées par leur propre tir; il y eut, en particulier, des ruptures de contre-plaques des coins de fermeture de culasse, qui obligèrent plusieurs pièces à suspendre leur tir pour le reste de la journée.

Vers 9 heures du soir, une culasse de canon de 12^c éclata dáns la batterie 9; un canonnier fut tué et un autre blessé. Les coins de deux autres pièces étaient faussés: le commandant de la batterie fit suspendre leur feu, le 13 dans la matinée, de sorte que la batterie 9 ne tirait plus qu'avec un seul canon.

Dans la matinée du 13, le feu de la place ne reprit que faiblement : quelques obus furent lancés contre la batterie 5 et quelques bombes contre la batterie de mortiers. Les batteries de siége ne reprirent activement la lutte qu'avec les pièces dont le tir était bien réglé; un épais brouillard les obligea de se servir des procédés de pointage employés pendant la nuit. Vers 4 heures de l'après-midi seulement, on aperçut dans la ville les premières lueurs de l'incendie, qui se propagea peu à peu dans la soirée.

Dans la journée du 13, le général de Kameke pensant que, pour réduire la place, il faudrait rapprocher les batteries, résolut de porter celles du centre sur le Montcey et celles de l'aile droite au delà de l'Hotin, sur la hauteur située à l'O. de Villé-Cloye, et donna des ordres pour la construction des ponts nécessaires sur la Chiers et sur l'Hotin; le chef du génie avait déjà pris, le 9 décembre, des dispositions en prévision de cette éventualité. Les préparatifs furent exécutés dans la nuit du 13 au 14 décembre, et la construction des nouvelles batteries devait être opérée dans la nuit suivante, quand la capitulation de la place rendit inutile ce déplacement des pièces.

Capitulation. — Les remparts étaient devenus presque intenables, un grand nombre de pièces étaient démontées, le principal magasin à poudre, contenant 25 000 kil. de poudre, avait été fortement endommagé par les projectiles des mortiers rayés et l'on craignait vivement son explosion, qui eût été terrible; dans ces conditions, le commandant de la place crut devoir entrer en pourparlers avec l'assiégeant pendant la soirée du 13. L'ordre fut immédiatement donné aux batteries de siége d'arrêter le feu;

cet ordre parvint aux batteries du centre et de l'aile droite vers 9 ou 10 heures, à l'aile gauche vers 11 heures seulement, plus tard même, à 3 heures du matin, à la batterie D. Les batteries de campagne n'en furent prévenues que le lendemain, après qu'elles eurent repris leurs emplacements de tir.

La capitulation fut signée vers 2 heures du matin, et les troupes allemandes firent leur entrée dans la place après midi. Elles trouvèrent dans la place 65 bouches à feu (¹) sur affût, dont 8 avaient été démontées par les batteries de siége, 9 affûts de rechange, 2 900 projectiles pour canons rayés, 17 000 pour canons lisses, 35 000 kil. de poudre, 5 000 fusils, environ 60 000 cartouches.

Munitions consommées et pertes éprouvées par les assiégeants. — Pendant les deux jours du bombardement, les batteries de siége avaient consommé les munitions suivantes :

Obus de 15ᶜ	1 161	
Obus incendiaires de 15ᶜ	13	1 174
Obus de 12ᶜ	1 077	
Obus incendiaires de 12ᶜ	32	1 109
Obus de 9ᶜ		518
Obus de 21ᶜ		184(²)

Total : 2 985

Les pertes subies par les assiégeants pendant le bombardement, se réduisaient à 2 hommes tués et 8 blessés; à ces pertes il faut ajouter celles qu'ils avaient éprouvées pendant les opérations de l'investissement.

P. Hüter,
Capitaine d'artillerie.

(¹) 2 canons de 24 rayés de place, 6 canons de 12 rayés de place, 10 canons de 16, 14 canons-obusiers de 12, 11 obusiers de 22ᶜ, 12 obusiers de 15ᶜ, 8 mortiers de 27ᶜ, 4 de 22ᶜ, 8 de 15ᶜ.

(²) On retrouva 30 de ces obus qui n'avaient point éclaté.

TABLE DES MATIÈRES.

PLANCHES

Nancy. — Imp. Berger-Levrault et Cⁱᵉ.

LIBRAIRIE BERGER-LEVRAULT & CIE

Paris, 5, rue des Beaux-Arts. — Même maison à Nancy.

www.ingramcontent.com/pod-product-compliance
Ingram Content Group UK Ltd.
Pitfield, Milton Keynes, MK11 3LW, UK
UKHW020156130726
13696UKWH00002B/550